美西遊

鍾鍾 著

目錄

序
台北至洛杉磯 1
空中小姐 7
洛城飛絮 11
迪斯奈樂園 27
沙漠之旅㈠ 39
沙漠之旅㈡ 51
環球影城 61
聖地牙哥和墨西哥 71

鹽湖城之旅 85
舊金山 101
美國的萬聖節 119
留學生和學校 127
感恩節回洛杉磯 147
舊金山的交通 163
金門公園 179
舊金山的公園 199
漁人碼頭 207
金門大橋和酒廠之旅 219
回程 236

序

鍾邦杜

從小，爸爸就是我的偶像。爸爸本身是個工程師，卻有很好的文學素養。印象中的他是萬能的，從教我們數星星、唱兒歌，到學書法、算算術，無所不精，無所不能。受到爸爸影響，我也希望能夠一方面學科學，另一方面保持對文學的興趣。這願望後來被現實所打破。我受了科學訓練之後，變的又土又木，生活中充滿了緊張，再也沒有這閒情逸趣，去享受風花雪月的浪漫，爸爸的偶像地位也隨著我年齡的成長而消失。但是，對爸爸的尊重與情感卻不曾隨著歲月而消失，反而與日俱增。我常覺得，我們兄弟姊妹之中，我和爸爸長相最像，個性最近，無意之中，我受到爸爸的影響也最深。在爲生活忙碌奔走的同時，爸爸的浪漫，就成爲我羨慕的對象。我常希望，能像爸爸一樣，保有對萬物敏銳的觀察力及易感的心。

十年前，當我還在美國工作時，好不容易說服爸爸，陪同媽媽做了一趟美國之行。那時他們兩人，每天興高彩烈地拿著地圖，用各種大衆交通工具，靠著爸爸自學的英語，自行出門探訪這新大陸。爸爸一向用功極精，對美國的風土人情，也採取做學問的功夫，做多方深入的了解。每晚當我下班回家，爸爸便會告訴我他當天的見聞，又交了那些新朋友，和那些人談了話，看到了那些新的事物。沒兩個月，爸爸跑過舊金山的每一個角落，對舊金山的了解，已經超過我這在當地定居的人了。更不容易的，是他把在這段時間的見聞，都記錄下來，發表在報紙副刊上。我自己喜好旅遊，但在一個地方住久了，反而忽略許多生活上的趣事。藉著爸爸的生花妙筆及入微的觀察，我看到了我當時的生活寫照，以及中美風俗習慣的不同。

現在，爸爸終於願意出書了。我又把爸爸的遊記再讀了一遍。十年之後，社會環境有了少許的變動。但是爸爸當初那顆躍動的心，以及對美國事物的探索，仍然從字裏行間顯現出來。我想，在國人旅遊風氣興盛的今天，許多人都有出國觀光的經驗，但少有如此仔細地觀察一個國家的。這本書對美國加州的記錄，應該是彌補了這個漏洞，給有意進一步了解這個國家的人，一個很好的借鏡。

序

鍾紅柱

我們有一個很文學的爸，這文學的喜好曾被爸壓抑多年，並被工程的專長取代以爲立業與持家。但自爸退休，我們逐一開始工作以後，這文學的心就再也無法被爸掩埋。上文學的課，讀文學的書，寫文學性質的文章，爸的日子可說是充滿了文學。幾年下來，不但爸的新話題有關文學，爸新交的朋友來自文學界，我們的家也被爸影響的漸漸文學起來。

爸開始出國旅遊時，已全然浸染於文學中多年，於是，旅美期間，爸以文學的眼觀看新環境，以文學的筆敍說新經驗，寄給我們的封封家書皆透露出他文學的心情。家書轉爲遊記刊出後，爸的文學之願擴爲躋身出書作家之林。

今日，爸的文學夢出書篇要實現，可以想見，爸將更顯光采，我們祝爸永遠文學。

序

林致光

小時候，每星期六的「去外公家」，是我心目中的一件大事。那時候一到外公家，外公都會寫字給我看，教我認字、寫字，同時也會說很多有趣的故事給我聽，故事的取材多是他年輕的往事，說鬼可以讓人嚇破膽，說笑也可以讓人笑破肚皮。因此，每週我都一直期待著星期六的「去外公家」。

外公的興趣是多方面的：剪貼、攝影、盆栽、寫作……，所以我小時候印象中的外公，不，一直到現在，我都認爲外公是多才多藝、無所不能的。如今外公要將他的美國遊記集結出書，我們全家都替他高興，因爲外公多年的心願終於達成了，而且他也有了第一號讀者—我。

這本書定名爲「美西遊」，顧名思義就是外公把在美西遊歷時所見識的風土人情、奇聞異事，用他那枝生花妙筆寫下來，內容和我小時候所聽的故事一樣，令人津津有味、不忍釋卷。

台北至洛杉磯

美西遊 2

中秋前兩天，我們前往美國西部探親。坐的是中華航空公司直飛洛杉磯的飛機。氣候不算好，滿天都是雲密密雨濛濛陰沉沉的。四點四十分起飛，一衝就上天空，穿出雲層，上面却是艷陽普照。

飛機比汽車火車都要平穩。只是嗡嗡的聲音很響。我用棉花把耳朵塞起來，初時覺得略爲好些，不久覺得嗡嗡聲仍然惱人。旅客們都在小聲交談；說國語的、英語的、日本話的，和一些不知甚麼語言的都有。因爲中華航空公司是我們的，所以國人特別多。鄰座那位女士是光頭灰袍的尼姑，大學畢業，精通哲理和佛教經典，十分健談。我雖不想進入空門，也增廣了不少見聞。空中小姐見我們談得如此輕鬆愉快，便用她們的拍立得相機爲我們合照留念。茫茫人海，在洲際旅途中，也增添了人生的經驗。

台北時間還不到六點呢！就天黑了。

不久，晚餐來了。有紅燒雞腿和牛排兩種，任由選擇。很可口，份量也多，我們都吃不完。隨着是水果和飲料。也可以要一杯威士忌或葡萄酒，都是免費供應。空中小姐來來去去，花蝴蝶一般，爲旅客服務，週到而親切。

晚餐後，放電影，是警匪槍戰的武打故事，滿輕鬆的。座位旁扶手有一插座，可以向空中小姐要一副耳機，收聽國語或西洋歌曲、平劇、國樂或輕音樂。有暖氣，似乎略爲熱了些，使人昏昏欲睡。想睡就睡吧！安心的睡。既然上了飛機，就把一切煩人的事，全都丟開，放寬心事，海闊天空，閉上眼睛，安心睡吧！想像即將在久別重逢的親人笑容裡，讓神經鬆弛，安閒休息。

不知睡了多久，稍覺得熱，微有出汗。電影已經結束。把窗門往上推去，哇！滿天星斗，漂亮極了。沒想到在高空的飛機上，既無雲霧阻擋，也沒燈光紅塵干擾，看星星是如此美麗。比從前在鄉下看的要多得多，甚至更大更明亮、更晶瑩、更美。都是都市裡無法欣賞到的。記得小時候媽常說，辛亥光復那年，天亮前一陣子，那掃把星在天上像一匹布一般，照耀東方。那就是哈雷慧星。可惜此時天空沒有那掃把星，否則，在太平洋上空看哈雷慧星，那該多好呀！但我還是認出，叫出好些有名的星座來，看到那像伸長脖子的天鵝座，就像見到老朋友般的喜悅。也有若干似未見面的星星，也出現在眼前，心裡爲之一快。看星座的位置，我知道飛機是朝東直飛的。

手錶指著十一點半鐘，台北還不到半夜呢！可是我已漸漸的見到飛機機翼的白色邊緣。飛機下面，不知是雲還是海，似乎微有波濤。不久，東方魚肚白，天亮了。只見太陽一段一段由海平面下向上突出，金光四射，錦繡華麗，美極了，雄偉極了。這夜不過五六小時而已，計算行程，此時應已通過太平洋中線的上空，已飛了一半路程了。空中小姐爲了讓旅客們多睡些時候，把窗戶關閉起來，使機艙裡還是黑暗的氣氛，她們的術語是「人工黑夜。」

用早餐了，手錶指示的是台北時間—半夜，一時卅分。我想，這早餐該稱爲「宵夜」才對。很多人睡眼朦朧伸伸懶腰。我卻胃口不錯，吃得和平常一般。「多吃些，才有精神，有力氣。」

飛機眞快，半個地球半天就飛到了。看見陸地了，飛機穿雲而下，立刻見到馬路如棋盤一般，一格一格的。樹木沒有想像中的多。因爲洛杉磯本來就是沙漠地區。

手錶指在四點十五分上，台北還沒天亮，洛杉磯已是中午都過了。我是在台北二十七日下午起飛的，經過一夜飛行，到洛杉磯還是二十七日；這是因爲飛過太平洋中的國際日期轉換線的關係。向東的飛機和地球自轉的方向相反，雖經一夜，日期還是不改。如果由美國回來，飛機向西飛行，和地球自轉的方向相同，經過國際日期轉換線時，便減少了一天，如果是二十七日由美國飛回台北，過一夜，過國際日期轉換線之後，便是二十九日。二十八日這天便消失了。

入境手續不算麻煩，使用推行李的車子要付美金一元。可是隨身沒有攜帶一元的小票，又不願付大鈔，只得向同行的初次認識的朋友借一塊錢。入境行李報關單要自己塡報行李禮物的價値，海關按値課稅。塡多少方好？是一難題；我根本不知道我的衣物行李現値若干！初塡兩千美金，覺得太多。改爲四百元，又覺得不對，不知如何是好！最後，不管它，讓海關去查定吧！過關時，有好些人都爲此事和海關爭議，輪到我時，那官員說，四件行李只値得四百元？我面有難色說，我把箱子打開給你看！說著立刻拿鎖匙開箱。他連忙按著我的手說，不要開箱了，課三十元稅如何？我覺得這辦法很好，不必開箱，省了多少麻煩！於是馬上跑去繳款。立刻入境。當我要把行李車送回去時，另一旅客快步向前，把車子接了過去。省一元是小事，要備一元的小鈔票是不易的。我們中正機場的行李車是免費的，而且有人收集照顧。這點我們就比人家強些，值得鼓掌。

出得機場來，已踏上美國的土地，聽到的都是英語，我瞭解，這裡已經不是自己的國家了。

洛杉磯這都市很濶大，不密集，很散。沒有地下鐵或捷運系統。好多條沒有紅綠燈的高速公路貫通全市。由國際機場經高速公路到三兒家走了一小時多的車。坐了十多二十小時的飛機，很想躺下休息一下。三兒立刻說，休息一下就好。否則的話，晚上會無法入眠，明早又起不來。我知道三兒說的是東西方向長途旅行的「時差」現象。洛杉磯是白天，我們的生理時鐘，也可以說是生理習慣是台北的黑夜，因此很多人常因此日夜顚倒，要好幾天方能適應過來。我兩人倒還好，晚上睡得很香甜，天亮時又能像台北一樣早早起來，到外面去行走散步，沒有時差的困擾。這並不是我們練就了「金剛不壞身」，而是有了年紀，每日無所事事，不管是白天還是黑夜，隨時可以睡，睡得又香又甜，也可以隨時不睡，把黑夜當作白天。

空中小姐

想起阿霞曾經說過，畢業之後，希望能從事空中小姐的職業。這次在飛機上十多小時，覺得空中小姐個個都身體健康，身材都在一六五公分至一七五公分之間，儀容秀美、性情溫柔，都是一等一的人才，而刻苦耐勞則比普通職業的要求更高。旅客登機時，她們分別站在幾個角落，微笑歡迎旅客，照顧著找尋座位，處置隨身行李。飛機起飛後，分送每位旅客毛巾，再逐一收回。調配各色飲料，冷的熱的開水、茶、咖啡、果汁、酒。酒又有幾種，要合各人的胃口。外加花生米一小包。大家喝過飲料之後，要收拾紙杯、紙包，所有的工作要細心耐心和配合旅客們使用的各種語言和習慣。飛機上是國際場合，華航飛機的旅客，華人佔多數。東南亞的華人，通國語的很多，也有用廣東話潮州話的，外國人多爲日本人或美國人。中國人會說英語的很多，美國人會說華語的就少了，空中小姐得應付各色人等的各種語言。

飛機搖擺時，她們的工作更多，更困難。旅客可以安坐椅上，她們卻要來回工作。旅客不願綁安全帶，她們要花費口舌勸導他們，有些旅客甚至還說你自己走來走去也沒有綁上安全帶呀！

晚餐之前要詢問大家吃牛排還是吃雞腿？喝什麼酒？逐一登記，次第傳送。全飛機三百多人，不能出錯。餐後要收回什物垃圾。接著又是飲料。

旅客們有人要看書報，她們要告訴旅客如何開關自己專用的燈光，如何使用耳機，收聽音樂，如何調整音量，和選擇頻道，十個頻道包含國樂、平劇、歌仔戲，流行歌曲、交響樂、西洋熱門歌曲等等。大家昏昏入睡時，她們卻留下一半人馬輪流值班，每人只能睡三小時。值班的人照顧這邊小朋友要尿尿，那邊老人家要厚毛毯，少婦要喝溫開水，外國商人想發電報到東京和紐約。一個晚上就是這些什事，馬不停蹄的轉來轉去。天亮之後，毛巾、早餐、飲料，不能遺漏。照顧殘障和患病旅客也是她們的重要工作。

早餐後，送每位旅客通關表。要幫忙初次出國的旅客塡寫這英文表格。旅客下飛機，她們在各個角落展開微笑的歡送，祝福大家旅途快樂。其實笑在臉上，她們自己卻滿身疲倦和勞累比旅客更甚。旅客出清之後，要收拾每個座位上的枕頭毛毯，各種可以再用和不可再用的印刷品和什物，還有大堆垃圾，也有旅客遺留的衣服、眼鏡，也許還有鞋等等，也可能會有平常大家都想不到的東西，據說曾有人遺留了嬰兒，猜想那是故意留下的。

空中小姐工作完畢，提着簡單行李和化粧箱，也在人群中過關入境。這時候她們還爲旅客們做翻譯，幫忙通過海關和移民局，然後才去入境上旅館休息，準備下一航次的工作。空中小姐的名詞很好，待遇也許不錯，也可以旅遊海外各地。她們也是人，也有白天黑夜的生理習慣，但她們卻經常日夜顚顚倒倒，工作比別的職位時間更長更苦。如果遇到飛行不順利的時候，她們的苦就更加講不完了。——這些，并不只是美麗端莊就可以應付得了的。

洛城飛絮

我是九月二十七日下午四時，由台北飛往洛杉磯的，經過國際日期變更線，飛了十幾小時，到達洛杉磯，還是九月二十七日，時間卻是下午一時。

美國西海岸有三個大都市。北面的是西雅圖，已近加拿大了。氣溫較低，且常下雨，很潮濕，緯度較高，夏季晚上十點鐘了還未天黑。中國人很多。舊金山在中間，面積不大，海灣東面對岸的奧克蘭和柏克萊住了二百多萬人，差不多已開發完盡，沒有地方可以發展了。只有洛杉磯，在舊金山之南約七百公里，一年四季，不熱不冷，面積又大，盡可利用。所以這些年來，洛杉磯便容納了好多由東亞前來的人口。

用水來自溶雪

洛杉磯的氣溫，夏天比台北低三、四度，但是只中午至三、四點時較熱，太陽下山，氣溫也就降低，晚上也得蓋點東西睡覺。冬天比台北高二、三度。但由於氣候乾燥，人們日常是不會出汗的。所以冬天，在台北感到「好冷，好冷」的日子，洛杉磯卻覺得秋天一般涼爽。不出汗就很舒服，襯衫都不易髒。

洛杉磯原是沙漠，沙漠是缺水的。洛杉磯的水，是靠北加利福尼亞州的雪溶化了，由貫穿南北加州的水道（AQUADUCT）引來。有了水，農工商業隨之發展起來。水是珍貴的，所以住宅、街道的樹木花草生長得很好；山上便只見黃葉衰草而已，上帝給予洛杉磯的年雨量少得可憐，吝嗇得很。

我們平常所謂「洛杉磯」，是指「大洛杉磯」而言。「大洛杉磯」是包括了八十幾個相連相接的縣市而成的大都市。而「洛杉磯」市只是這八十幾個縣市中的一個而已。

洛杉磯的面積比台北大得多。在台北我們覺得人口密集，房屋密集，人擠人，車擠車；洛杉磯卻是鬆散得很。西面臨海，周邊是山，圍成盆地。小山地價便宜，逐漸開發爲住宅區。

這都市面積大得驚人，由西北往東南的長方向，高速公路汽車要走兩三小時；東西方向也要走一小時多。這個都市，沒有地下鐵路之類的快速運輸系統（近年新造一段地下鐵，效果也不好），只有縱橫交叉的沒有紅綠燈的高速公路，是市區的高速公路最多的都市。但是小汽車甚多。上下班交通尖峯時間，擁擠得不得了。市區也有公共汽車，但車班不多，一小時三班四班，有行車時刻表，像火車似的，市民利用的不少。

我由海邊的國際機場乘小汽車，走了一小時多才到家。途中經過一處石油田。好多油井的抽油機，密密麻麻的相隔百來公尺便有一口油井，可見其財富之豐厚。以前我在台南山裡工作，見中國石油公司的油礦，只不過那麼幾口井罷了，無法和這裡油田相比。我有一位朋友退休了，孩子在洛杉磯成家立業。他託人買房子移民前去。住沒有多久，覺得後院有一種不好的氣味，經試驗的結果，證實地面下有石油。以後石油公司租他後院一角抽油，每月租金美金六百元，眞是意外之財。

市區內一山上有狼，是野狼。這和台北植物園有松鼠可不同。松鼠只吃樹皮樹葉，不侵害人畜。據說這狼很兇，曾經不止一次下山到人家中去，咬傷了小孩。報紙爲此事鬧了好一陣。

中國城在商業鬧區。洛杉磯的高樓都集中在附近。很多華人在中國城。所謂華人是指來自中國大陸、台灣、香港、新加坡及東南亞和韓國等地有中國人血統的。老華僑是第二次世界大戰前到達美國開基生根的，多住在中國城。以後去美國的華人，有好多是在一個叫「蒙得利公園市」。這市因爲華人衆多，被人稱爲「小台北」。台灣去的華人尤其多。我覺得安慰的是稱爲「小台北」，而不是什麼「小北京」或「小上海」。近一二十年去洛杉磯的華人則散處各地，不若前兩地的集中。在中國城和蒙得利公園市，到處都是華文的商店招牌，中國國語、台灣話、廣東話都通行，英語反而生疏。中國餐館和台北相似，老闆堂官都是華人，語言菜牌都是華語華文；菜名菜餚都是廣式揚式，北平烤鴨、烤乳豬、五加皮酒和國內無異。座上客常滿，但並非全是華人，老外也不少。華人並非只開餐館，各行各業都有。我在一家化妝公司遇到新竹時的鄰居。在公司行號當工程師經理的也不少。美國是移民國家，別人看華人的活躍，未免眼紅，也大聲疾呼要以英文爲官方語言，用英文招牌等等，而提倡最力的則是一個日本人的後裔。

在街上放眼看去，黃皮膚、黑頭髮，眼睛黑白分明的，並不全是華人。日本人、韓國人、越南人、泰國人等外貌都相差不多，尤其是韓國人、越南人、泰國人，說不定也有華人血統。

這些東亞移民的後裔，到了第三代或許只會一點點，或許完全不懂他們自己原來的語言，只有中國城的華人，英語說得少，滿口都是中國話或是道地的廣東話或其他中國方言。

市區不斷擴大

由於東亞到美國的人喜歡住在洛杉磯，市區便一直擴大，不斷的建造房屋。住宅房屋通常只做一層兩層，室內面積總在五六十坪以上。客廳、飯廳、主臥室都很大。地毯又厚又軟。每家都有車庫，一車或兩車，因爲多數夫妻各用一車，也許還有一輛大些的旅行車。車庫除了停車之用外，很多人把暖氣機、洗衣機也放進去，家裡什七什八的棄之可惜的東西，都往車庫堆。車庫門多爲遙控的電鎖開關，在車上一按鈕，車庫門便自動開關。住宅外前後左右都是花園草地，馬路和房屋之間的前面花園常有五、六公尺，甚至八、九公尺，和對面的房屋距離就相當遠，空氣流動。房前花園種植的花木草皮各家不同，生活品質很高。建造房屋的給水系統時，同時埋設花園的灌溉管路，分爲人工操作和電腦控制。如果全家出外旅行，電腦系統會視天氣、土地乾燥程度，自動噴水。如果偷懶不去整理花園，可能受到鄰居們的批評。車庫前的車門上有不少人家安裝了籃球圈，給小孩子練習投籃，養成孩子對籃球的興趣。

山坡上可以看得遠，有風景可觀賞的住宅，要貴上一兩萬元。買房子多數要有兩成現金，銀行貸款利息以前常在一分三四，現在已降到八、九厘左右。貸款的數額，除了看房子價值之外，還看收入。如果每月收入的三成，不夠攤還房屋貸款的本金和利息，便表示負擔過重。

路街名稱很雜，如BLVD.，AVE，ST.，WAY.，LANE，ROAD.，RD，COURT，CALLE等等。COURT是死巷，不通車，孩子們可以在巷裡遊戲。因爲歷史上加州曾使用西班牙文，所以現在很多地名街名都仍舊使用，也還是西班牙文發音。即使是新開闢的街路，也有用西班牙文的，如CALLE這個字，在我的英文字典上就找不到，意思是「街」，中間的「L」不發音。

華文報紙分三派

洛杉磯是美西第一大城，華文報紙很多在此發行，有一二十種之多。它們的政治立場，有人分爲右、中、左三種，由最右到最左都有。其實自命爲中立的，實際論調也是在鼓吹「三通」、「四流」，批評台北的時候多，偶然也罵北平，只能算是左邊偏中吧。不過他們都稱呼我們的總統爲「蔣先生」。平時每日出報約十四、五大張，星期日增加星期週刊一本，也有三四十頁之多，隨報附送，不另收費。（只有「人民日報」出三大張，很少人看。）也有文藝副刊，台灣有名的作家，也常有大作出現。談到報紙，最妙的是美國星期六星期日都是週末休假。這兩天的華文報紙，便預先在星期五編好，讓每天都定期有報紙發行，而不致中斷。我曾在星期五便見到星期日的報紙。如果週末實在有十分緊急的重大新聞時，他們便用號外的方式處理，這點和我們是不同的。華文報紙的廣告，和台北相差無幾，餐館名稱，茶行、肉品店、歌星等等。有免費相送的週報，編得也很精彩，很吸引人。能吸引人就有人要，又免費，就有銷路，有銷路就有人肯出錢登廣告。只要一二個人就可以辦得起來，費用不大，靠廣告就可維持。

洛杉磯實在太大了，公車不如台北遠甚，比舊金山也不如，自己沒有汽車便不容易活動。電話號碼，除了七個數字之外，有些地區還要加上地區號碼，那就有十個數字了。街上也有公共電話，高速公路上也常見到公共電話，是給車子出了問題的人用的。很少見到機車。但有時街上或許見到青年男女騎腳踏車。我想，那是好玩或是運動，主要目的不是交通。

電視節目，日夜都很多，中午晚上也有華語節目。台灣華視的節目，武打連續劇等便經常出現。華語錄影帶很多，香港的大陸的，尤其是大陸各地風景名勝的和音樂歌唱的都很引人注意。大陸拍攝了好些近代史的電影，如「西安事變」之類，十分值得我們注意。很遺憾的是我們台灣的電影電視只注意武打、愛情、床戲。有歷史意義的寥寥無幾，令人惋惜。如能多拍些如「八二三砲戰」，或把時代拉到辛亥革命、東征、北伐、抗戰等，如「英烈千秋」就好了。錄音帶和錄影帶的生意，發展迅速，有些什貨店也附帶經營這些買賣和出租。

對狗噴胡椒粉

中國人是勤勞的民族，但在美國，星期六和星期日休假都不上班，郵差也不送信。郵差送信，有時山坡上幾十戶人家，在山下大路旁每家建一格的大信箱，郵差按戶投入，各家各戶回家時，便停車看看有沒有郵件。如果大捆的郵件，就放在大信箱頂上，好在洛杉磯很少下雨。好些郵箱設在大門裏面，郵差有一大把鎖匙，他先開大門，把郵件投入信箱，出門後，又把大門鎖上，仔細得很。郵差的裝備中有一件像手電筒的東西，如果狗太兇，他就不客氣對狗噴胡椒粉，或別的有刺激性的粉末，這是合法合情的保護行爲，可能是過去，郵差被狗咬過。

離我住處不遠，人們說有一個「小」公園，我便去走走。是狹長的地形，裏面綠草如茵，像高爾夫球場，合抱的老樹三三五五，也有成林的，點綴着整個公園。他們說公園小，我却走了二十多分鐘還沒有到盡頭。人行道和車道是分開的，人行道旁的青草地上，相距三五百公尺便有一處由慈善基金會建設的木製健身器，如仰臥起坐、俯伏挺身等等一二十種之多。都有使用說明並附圖解，可惜使用的人不多。

有幾處固定的野餐用木桌椅，也有烤肉設備，有三五處各有一伙人在那裏玩，男女老少都有，側耳一聽，說的都是華語，準是炎黃的子孫。我想，可能是由台灣去的呢！

也有幾間厠所，我曾使用過。設備高級，維持得乾乾淨淨，而且免費使用，水和衛生紙都很充足，衛生紙還是大大的兩大捲，可見人們的公德心也很好。可笑的是「厠所文學」也逸興橫飛，而且圖文並茂。大的字母一個有十公分大，小的呢！却在兩塊磁磚縫裏面用小筆，寫得麻麻密密的像螞蟻走路一般，表達對其親愛的人祝福和情意，不覺爲之莞爾。厠所，表露出人們最原始的眞情實感。

這麼好的公園，可惜遊人不多。可能是人們居住的地方就像公園，又何必跑到這小公園來呢？

超級市場用紙袋

普通叫購物中心爲MALL，可能最初是一片草地，或樹蔭草徑，人們常去遊玩，久而久之，有了攤販，以後攤販越來越多，於是有計畫的蓋起屋頂。市場之外，東西南北都是幾百車位的停車場，進入市場之內，拉一台像飛機場用的行李車那樣的車子，把小孩子放在車頂坐著，自由自在的選擇所需的東西放入車內。各種青菜水果，豬牛雞鴨魚蝦、衣著服飾、文具藥品都有，我仔細一看，食物罐頭，台灣的、大陸的、香港的、中南半島的都有。好些東西是久別三四十年了。我想得到的都有，沒有想到的也陳列得滿坑滿谷。

初到一個地方，人常會很敏感的去比較物價。「折合台幣多少錢？便宜了還是貴了？」似乎農產品都比較便宜，因爲他們是科學的大量生產。比如說，一個養雞場養五十萬隻雞，雞價蛋價便廉。他們不喜歡吃豬內臟和頭腳，這也是價廉原因之一。一天，我見一家賣皮毛的，想起小時候，父親冬天穿狐裘長袍。於是進去看看，最先一個印象是，在一件黑色狐裘上的一塊牌子，說明這狐毛的顏色原是灰褐，染成黑色的。這樣先有說明，再談交易，就是中國商場古風，可惜在台灣已很少見到了。

這些超級市場有大減價的時候，他們是就本來的品質，原來價格予以減價，眞眞實實的沒有欺詐，確實比較便宜。可能是市場爲了吸引顧客，把一些貨品大減價，顧客來了，除了買廉價貨之外，別的貨也會有交易，於是生意就隆盛了。我覺得好些化粧品價錢實在太貴了，但是內行的人卻說台北的價格還要高幾倍呢！因爲品質好，也有人買。台灣去的旅客買化粧品的很多。在超級市場裏的貨物，什麼「牌子」很要緊。超級市場進貨之前對一公司的產品的品質，很認眞的調查，所以能進去的貨物都經過嚴格的考驗過，顧客可以放心採用。假如一家公司的產品被發覺品質有問題，那麼這家公司便等於把招牌弄砸了，以後這家公司的產品便進不了這家市場。

台灣去的貨物不少，有的是台灣市場也不多見的公司字號，貨品標着R.O.CHINA.TAIWAN，有的還在TAIWAN之後加上括弧（FORMOSA）這就莫測高深了。也有台灣的農產品如茶葉、鳳梨、糖等，至於新東陽等肉乾肉鬆，可能是就地取材製成的，因爲台灣的豬牛都比美國貴些。我發覺好些農產品價格不很穩定，今天的和昨天的就有差別，如當零食的帶殼花生，昨天一磅九十九分，今天是八十九分。說起花生，眞的夠大，夠結實，而且炒得又香又脆，越吃越愛吃，不忍停手。

在超級市場買東西，已經不用塑膠袋，而用牛皮紙袋包裝了。這就是科學的保護環境的做法，值得學習。

在市場一角，設有一個自助量血壓心跳的儀器，把手臂伸進一個寬約十公分的環內，一按電鈕，環自動扣緊，不到一分鐘，顯出三個數字：１４２，８６，是高低血壓；６６是每分鐘心跳數。免費。可能是什麼基金會的社會福利。很好。我想，如果我有能力設「鍾氏基金會」，也要在各處設置這種儀器，供人使用。

義務做伴娘

教堂前看到人家的結婚禮，乖乖！伴郎伴娘十四對之多。都化裝得天仙一般，簡直是時裝表演。這種氣派，以前沒有見過。以後才知道，那些伴郎伴娘在得知某人要結婚時，便毛遂自荐的要做伴郎伴娘，完全是「義務」幫忙。因爲都是同學、同事、鄰居、親友，甚至只有一面之緣的人，新郎新娘還不好意思拒絕。這些伴郎伴娘們也許有些正在熱戀之中，前來沾沾喜氣，恨不得早日登上紅毯。也許離開結婚還遠，過過乾癮吧了！以後我參加一婚禮，覺得若干細節也和我所知不同。來賓簽名留念時，便有些人在那裏寫上一段祝賀的詞句，有些還很有文藝氣息的詩篇。結婚開始時，有人把禮堂的臘燭點亮，而留下一枝不點。這些臘燭，如果是中國人的習俗，喜事，用紅色，可是他們用白色，也許是取它的純潔的意思，或許還有別的典故。在婚禮進行中，由新郎和新娘各持一枝已點亮的臘燭去點亮那枝未經點燃的，這就有共同建立家庭的意義。在台灣現行的婚禮中，新郎和新娘只是站在那裏，除了相對鞠躬之外，很少動作。他們的婚禮中，新郎新娘走動的就多了。現在錄影機普遍使用，錄影帶一卷兩小時的也只美金五元，婚禮完畢，喜宴之後，便在電視機上放映出來，賓主共賞，留作最有意義的紀念品，還做影本寄回國內，給未參加婚禮的親友們看。

▲加州理工學院宿舍前的大炮

加州理工學院

洛杉磯的加州理工學院（CALIFORNIA INSTITUTE OF TECHNOLOGY）在世界名大學中也是排名在前面的。尖端科技，太空科學方面的成就都極突出，諾貝爾獎得主也多，教授陣容中也有華人教授。校區環境既清幽又優美，是做學問的好地方。我們去參觀，慢慢的行，慢慢的看。學校雖大，但路上行人稀少。只有正當下課的時候，屋子裡出來幾十人，也一下就散掉了，因爲是理工科學，以前只招收男生，不過近年來也招收女生了。我們曾見到幾個東亞來的女生，只不知有幾個是我們中國同胞。因爲剛招女生，故設備上未免有些怪現象，如一棟大樓，只有二樓才有女用的洗手間，學生宿舍也是男女同棟而不同室而已！建築物都十分精緻。一餐廳是專門接待教授的，不招待學生。一房屋前有一門五寸口徑的長射程的大砲，好像還很新的樣子，不知什麼來頭，可能有其故事，可惜沒有追詢它的來歷。幾棵老樹，保護得十分週到，樹身傾斜，用二十公分徑的鐵管當柱來支撐著，枝葉繁茂，以致不勝負荷，在後方用鋼索拉吊。看到人家保護的實際功夫，我們眞該認眞學習。一座圓形白色的禮堂，曾有我國的藝術團體來加州時，在此表演歌舞宣慰僑胞。

韓定頓圖書館（HUNTINGTON LIBRARY）是一位韓定頓先生的遺物，捐出來供人遊賞的大花園，圖書館只是其中的一小部份。花園大約有台北青年公園好幾倍大，並且非常精緻。這樣私人所有的林園，可見當年韓定頓先生的富有。門票二元。停車場也像公園一般，圖書館的圖書可以出借。但我是天涯過客，沒法去欣賞。

圖書雕塑收藏豐富。有些小册子，訂明價格，讓人們自行投錢入箱裡，自行取物。完全是「自尊」與「榮譽」的制度。

有一塊如足球場大小的草地，三面樹林，週圍樹下有二十多座雕像，比眞人大約一倍半。我曾巡行一週，對每座石像都曾注視一番，覺得每座都十分生動，有表情，有活力。有些好像是西方神話故事的人物，有的也看不出是什麼故事，如有足夠的時間，慢慢的看，可能會有些發現和聯想。也是樂趣的事。

這公園有小丘和矮山。山上有不少合抱的參天古木，有點像台北陽明山後山的清幽，溝裡也有潺潺流水，清涼潔淨。一排柳樹，枝條長長的從高處濃濃密密的下垂，像時髦女郎額上的劉海，十分漂亮有緻。可能是生長在山泉旁邊，陽光水份都充足供應，顯得雍容富態。在這萬綠叢中卻有一座鮮紅的木拱橋，點綴得極其艷麗而細膩。

一座東方風味的房舍，說明內有盆景。我們進去一看，是木造的日本式的平房，玄關、木地板、塌塌米地面、紙門、章子門等等。我們以爲如果有字畫，那東方味道就更足了。以後仔細一看，後面深處果然吊有一幅字，碗大的字，筆力蒼勁，日本氣息濃厚。庭院也是日本式的，不是青草，而是白白沙粒，平舖地面，做成條條波紋，零落佈置幾塊凸出的石頭。一排木架上有十幾個盆景。雖不夠「古」「雅」「趣」，但總是盆景。

通過一大門時，一陣陣桂花清香迎面撲鼻而來，好極了，心曠神怡。想起「白日放歌」的詩，於是拉開嗓門唱了一句「八月十五，桂花香」的平劇，聲尾拉得很長，一對美國夫婦問我唱的是什麼?我笑著告許他們，是中國歌劇。他們大笑，連說：「妙、妙。」「可以開館授徒。」狀至快樂。是的，我也很快樂。因爲此行來洛杉磯和舊金山，完全是兩個孩子一再敦促才成行的。上了來美的飛機之後，便把一切心事、俗事都放開了，十足的度假，來和孩子們共聚共樂。內心快樂，行動也飄然，是應該放開喉嚨唱唱的。

天文台和訂婚湖

洛杉磯天文台在山頂上，路很好，開起車來，不覺得是上陡坡。旁邊山上有一排白色的大字HOLLYWOOD，很遠的鬧區都看得見。不過不是拍電影的好萊塢，而是房地產商人在此地投資建屋，因爲一般人都對「好萊塢」懷有好感，便以此爲號召，希望房子能夠順利賣出。但這幾年房地產生意並不見得好，廣告卻仍然留在那裡。天文台室內有時是可以開放的。圓屋頂是銅造的，可以轉動，白天，望遠鏡也可以觀察星球。在這裏會感覺到時間的流動，有痕有跡。因爲地球的轉動，而在望遠鏡中的星球位置，也不斷在變化。房子外面是小公園，草地漂漂亮亮。當中有一高約三十公尺白色的紀念塔，有六七個人的雕像，都是天文史上鼎鼎有名的人物，如哥白尼、加利略等。下面有一日晷，是一個六七十公分大的圓圈，中間一條銅絲，太陽照射這銅絲的影子，投射到一圓圈的刻度上，便是時間了。我馬上校對手錶是九時四十六分二十秒，比台北新公園博物館後面的日晷精確些。在草地的另一端高聳著各種天線，不知收集什麼訊號的。因爲此地高，登高望遠，有幾個收費對著市區的望遠鏡，成爲人們遊玩的地方。

洛杉磯市區遼闊，對外的國際機場在海邊。國內機場卻有好幾處，孩子們回舊金山時未曾考慮到機場遠近，後來才知道是「波本」(BURBANK)機場。由中國城前往，車開了一點多鐘。如果由住家出發更不得了，所以我們去鹽湖城的飛機票便要改換了。改到「安太略」(ONTARIO)機場，車也行了四十分鐘。另外還有好幾個國內機場。機場手續也很簡單，找到了航空公司櫃台，把機票給她，告訴她希望的座位，她只在機票封面上寫上「2AB」，把大件行李推過去，便可以出門登機，和台北火車差不多。

去安大略機場時經過一淡水湖，面積有十多公頃。四週有林木之勝。岸上有些地方可以野餐烤肉。似乎中國人很喜歡這風景區，訂婚等活動多來此湖畔舉行。因之便有人私下裏稱之爲「訂婚湖」。湖水清澈，有野鴨成群，忽而水面，忽而上岸，白雲綠樹映在水面，極其耐看。水裏有魚有蝦，螺絲和蚌蛤。撈幾個看看，都是活的。在沙漠裏有這麼一池清水，眞不容易。希望市區不要發展到這裏來，讓它永遠保持它的淸幽寧靜，該有多好。

迪斯奈樂園

▲迪斯奈樂園大門
▲迪斯奈樂園開門大吉

到洛杉磯觀光旅行的人多數會到迪斯奈樂園，那是一個適合男女老幼遊樂的地方。觀光的人，利用一天的時間，花十幾塊錢美金是很值得的。

園址在大洛杉磯的東南方。我們選了一個不是星期假日，爲的是遊客較少，比較不會擁擠。樂園於上午十點開門。自己開車去，九點五十分就到了。事先我們曾去旅行社詢問價錢，每人包括來回汽車和門票是三十二元五角；如果有人接送，自己去玩，只要門票十六元五角，有兩三個同伴，自己去玩，不但省錢，而且可以自由自在，要到那裡、想玩多久，都很自由；比參加旅行社的團體行動的約束，要好得多。

美國很多地方很有意思。買了門票，在門票上就有稅百分之六點五，這就是我們這裡實行的加值型消費稅了。不過我們的稅率比加州低些。以後在什麼地方買東西，都有那麼一張小紙條的收據（發票），收據上最後一項就是稅。遊戲場入場券、買青菜水果、信封文具，都有收據，都有稅，毫不例外，買賣雙方都視爲當然，稅都繳國庫，我想美國之所以富強，這種精神是其中因素之一。如果我們也能如此，大家都有守法的精神，我們國家的富強也是指日可待的。

從前入園的門票價比較低，可是在園裡，每到一處遊玩都要另外買票，買票沒有關係，但又得排一次隊，排隊的時間，常比參觀遊玩的時間還長。現在的入園門票，已包含了各處遊玩的門票在內。遊客們節省了再買票排隊的時間，樂園管理部門也節省了各處賣票的設備和人事費用，這項改進，很受歡迎。

進園時把門票往驗票機一塞，門押便開。進得園門，把票取出，一看，上面多了幾個字，是「抱歉」，「沒有中獎」。中獎的人是得到一包糖果之類。在美國，像這種中獎的機會很多。我曾在一家餐廳午餐，得到一包炸洋蔥的獎。價值八十九分。數目不大，合台幣二十餘元，但心理上很高興。

▲迪斯奈樂園唐老鴨和小遊客握手

十點鐘開門，有樂隊、化裝表演，遊行。熊小弟、米老鼠、唐老鴨等卡通角色，都向遊客致意，和小遊客們握手和照相。

離大門不遠的路旁就是商店。遊客們不論吃過早餐與否，很多人都進去買些糖果點心，人手一包，一面走，一面吃，一面觀賞，心情愉快。

再走一段是簡單的碼頭，有人上船，我沒有什麼特定的目標，也就跟着別人上船去。船不大，約坐一二百人便開航了。沿岸叢林古木，岸上虎豹猿猴，水裡鱷魚河馬。不時出現大小動物，有動作、有吼聲，大象的軟鼻子會噴水，仔細辨認，都是電動模型，聲音則是錄音機放大音量，維紗維肖。也有瀑布，噴泉。洛杉磯是靠近沙漠，維持這樣的樹林、河道，實在不易。

迪斯奈樂園裡坐船處有三四處，不同的水道，各有特色。有一條馬克吐溫號，是三層的豪華遊艇，有鳴笛、鐵錨，和眞的海船一般，沒坐過海船的人，可以坐坐過海船的癮。在比較寬大的水道上繞一圈走回來，約要半小時。經過些印第安人的村落，和些風景區、名勝。這條船的航程，比較沒有奇怪驚險，在平穩安靜中，晒晒太陽、聊聊天，有人說是度蜜月的遊艇。一位遊客，他的照相機和我的相同，大家便閒談起來了。他在紐約，是中學老師，教些物理化學等自然科學。因爲有假期，而且儲蓄了些錢，便到有陽光和氣溫高的洛杉磯來度假，除了迪斯奈樂園之外，還要到大峽谷、胡佛水庫，和聖地牙哥的海洋公園等地參觀旅行。他的太太實在忙，沒法和他同來一齊遊樂，也找不到適合的玩伴，自己單槍匹馬跑碼頭，也有樂趣，也有不便之處。他說坐灰狗車旅行，才知道美國之偉大。我想，在台灣這樣旅行的人可能不多。

一小水道坐的是一二十人的小船。導遊小姐坐在船頭爲大家介紹沿途風景。那些房舍山川都是縮小尺寸的，和桃園的小人國一般，所不同的是桃園的小人國全是中國大陸和台灣的房屋風景，而廸斯奈的是包括了美國和別的地區。不過在小船上看來也別有一番風味。這半小時的小人國之旅，坐在船上，船慢慢的走，有時用手撥撥水，晒晒太陽，聽那導遊的泰國小姐軟聲細語，也算是另一種享受。

另一水道坐的也是小船，這船經過種種險地。河道不寬，兩岸或是兇禽猛獸，或是海盜之家，陳列海盜的寶藏，珍珠寶貝盈箱，滿山洞，也有河灘上船破人亡的遺跡，人與獸白骨森森。黑暗洞穴中鬼哭神號，雷聲隆隆，電光閃閃，似乎天翻地又轉。羼雜殺人的痛苦掙扎的吼叫，令人慘不忍聞，慘不忍睹，雖是電動玩具，只是太眞實了，覺得過於恐怖與悽慘，和旅行遊樂的意願相違，實在不玩也罷。只是事先不知道而上了「賊船」，有些不是味道。還有一段黑暗行程中，像是直下瀑布一般，浪花濺上衣裳，似乎即將翻船，幸而不久船即轉正，平安脫險。脫離兇險，再見天日，有的小孩在哭，頑皮的在笑，笑得臉色蒼白，同伴互相緊緊的抱著的，方才鬆下手來，喘一口氣，有如死去活來。南無阿爾陀佛！阿們！

園裡有餐廳，價錢也不很貴，午餐時間很擁擠。拿到食物，坐在樹下，或曬著太陽，情調很好。來自各方的遊客，各色人等，各種年齡都有；老夫老妻，熱情如火的也不少。有人說，在公共場所表現得如此熱愛，在家的時候是否還能維持這種高溫？也有人說，出來旅行玩樂，心情暢快，把一切是非恩怨煩惱，全都抛開了。有人說，他們是夫妻嗎？

內人說附近有個童話世界，很好玩，囑我在路旁樹下等待，她到前面去走走找尋方向。我

▲迪斯奈樂園的小小世界

斜倚著樹，望著白雲飄浮，信口哼著「啊！玫瑰瑪麗我愛你！」的歌，這是高中時代唱的。今天在此遊園，心情輕鬆，就唱了起來！忽然有人用指頭在我肩上敲了兩下，回頭一看，是個女郎。和我一般高，黑髮大眼長睫毛，只在唇上塗得鮮紅外，沒有什麼化妝，很健美，是上帝的傑作，可能是東方人的混血兒，她用手指著豐滿的大胸說：「請看我」。我一時不知如何對答的好。她又說：「你不是唱玫瑰瑪麗我愛你嗎？請看看我的名牌！」這下我注意到了，她胸前有塊小小的名牌，她的名字赫然是「玫瑰瑪麗」！我笑了，她也笑了。她握著我的手，要我再爲她唱一遍。我義不容辭的認認眞眞的唱。唱得盪氣迴腸吧！唱完之後，她意猶未盡：「請再來一次」。我又唱，我們拉著手，她差不多跳舞了！也一同唱起來！原來她也會唱這歌的。因爲她有急事，非走不可了，問我從那裡來？如果能和我遊玩一圈該有多好！走了幾步，回過頭來，用手在嘴巴上飛了兩個吻！

園中有一座六、七十公尺高銀白色的假山，樣子像歐洲的阿爾比斯山最高峰，在太陽光下閃閃發光，很耀眼。遊客們都拿它做方向指針。山腳下有小鐵路。這小車不坐也罷！比雲霄飛車還顚，向這邊四十幾度傾斜，似乎車還沒有轉正，又向那邊四十幾度翹起！坡度大，走得快，穿過石洞，頭頂上差不多就碰上石尖，驚險刺激。一排座位兩人坐，彼此都緊緊的抱著，以免被拋出車外，葬身河谷。十幾分鐘下來，臉色蒼白、頭上冒汗、腳下發軟。後悔事先沒有好好看說明書，也不知道有沒有說明書告訴大家這車的慘狀。

像這種車還有幾個，都是心臟衰弱的人不適宜坐的，只是很多人坐了一種又再坐另外一種。可不是嗎?來園就是來玩樂和刺激的。

坐馬車是最安穩的。高頭大馬，馴良得很，車子又新又漂亮。兩個人坐在車上，慢慢的在園

▲迪斯奈樂園的雪山

裡走，看山看水，頗爲羅曼蒂克。使我想起當年春暖花開時節，在南京城裡坐著馬車，曬著太陽，聽著馬蹄聲得得的走，出中山門外去孝陵衛的學校時的情景。軟軟的南風，從金黃色的小花中飄著香味，整個心懷也爲之陶醉。

我做過幾條鐵路，也坐了不少火車。看到園裡的火車站有月台號誌，站長、站務人員等應有盡有。也想坐坐這火車，看看有什麼感覺！車上的座位是兩排的，和鐵路平行，後排的又比較高些，像戲院的座位似的。前排座位面前有欄杆，覺得這種車箱簡陋得很。車行得很慢，還有山洞呢！進入山洞之內，好戲來了，山洞三四公尺高的牆壁上是亮麗晶瑩的彩色電影銀幕。第一節是大峽谷。好像這條鐵路是建造在大峽谷的邊沿，我們這些旅客正遊覽大峽谷。火車慢慢的前走，大峽谷慢慢的往後退。走完大峽谷之後，接著是印第安人的社區，山巔水湄，叢林房屋，村落中男女老幼都在活動，男人狩獵，各種飛鳥野獸，新鮮有趣。這火車坐了半小時，出乎想像之外的好玩。

最值得回味的是三百六十度的電影。這電影每小時放映一場，入場時先到一間演講室，有矮的座位，自由入座。有人在講解。然後進入高約十公尺，直徑約三四十公尺的圓形電影院。沒有座位，只有一排排一公尺多高的欄杆，人們靠着欄杆看面前的或左或右，或轉過身來看後面的電影。因爲電影的銀幕是在牆壁上，離地約三公尺直到十公尺高周圍一圈都是電影。觀衆好像在電影之中，也是角色之一似的，親身在其中看着事態的發展。這些電影多爲各地風景名勝或其他紀錄片，像是帶觀衆到美國和世界各名勝去旅遊一般。第一部電影是大峽谷。拍電影的人可能是乘着直昇飛機，由大峽谷的北端往南飛行。用九部攝影機拍攝周圍一圈的風景。一會兒由天空往下看，可見大峽谷四圍的平原景色，一會兒往下飛行，貼近地面，有時又降至谷底，讓觀衆對整個大峽谷都看得清楚。有紐約自由女神像。世界貿易大樓。歐州阿爾比斯山高峰，面對着高峰飛去，爬山的人，站在山邊向飛機招手高呼，飛機則向頂峰飛掠而過。在航空母艦上看飛機起飛和降落。一段影片是一條小船，幾個人划着經過湍急的河流，波濤洶湧，水花四濺，整個船頭昂沉，左翻右側，整個電影都是波浪的危難中。一老太太說：「我想嘔吐了！」她老人家看電影看得暈船了。另一段電影是在印第安人村落裡集會，男男女女都高歌妙舞，四面都是熱鬧歡欣的人們，觀衆也好似置身其中。

一場四十多分鐘極盡娛樂能事的電影，出得院來，覺得回味無窮，於是又再進去多看一場，感受上仍然十分有趣，深覺不虛此行。我認爲我們的觀光局或文工會也可以拍些以本省爲題材的三百六十度的電影，送到世界各地去，當可收到宣傳推廣之效。

另外還有好些如太空列車等也還不錯。

下午六點關門，結束一天驚險而有趣的旅遊。

▲迪斯奈樂園景色（有鐵路）

沙漠之旅(一)

洛杉磯的蒙他利公園市人稱爲小台北，有幾家台灣去的人開的旅行社，他們之間都有聯絡合作。旅遊地點，路線相同，價錢一樣，如沙漠之旅，去大峽谷、胡佛水庫、賭城、鬼鎮銀礦，三天兩夜的行程，導遊、汽車、旅館全在內，每人美金一百二十五元，不能算貴。吃飯是自理的。

預定計畫是上午八時半開車出發的，時間到了，人還不齊，左等右等，九點一刻都過了，只好走了。

汽車向東南轉向東行，離開了市區，舉目所見，全是黃澄澄一片沙漠。地面平坦，沒有樹木，只有些四五十公分高的一叢叢的似草似木的植物。認眞看去，好像是人工種植的，有行、成列。沙漠裡最大的困難是沒有水，這些當是耐旱植物，但也長得不好。太陽很強烈，照得黃沙發亮，車外談不上風景。在這沒水沒樹的地方，使我想起在台南玉井造鐵路的時候有一段被人叫做「夢世界」或「月宮」的那一段，和這裡是差不多的。

公路是平而且直，也夠寬大。車裡，冷氣很好。司機兼導遊，他說，坐長途車在沙漠裡走幾天是累人的。大家自我介紹吧！以後三天的旅途，彼此有個照應，我們一行十二人都是華人。台灣去的，巴西來的，香港、紐約，洛杉磯住的，語言都相通。大家介紹過後，發現巴西回美的那對夫婦，和我多年鄰居也移民巴西的，是像兄弟一般的朋友，因此也親熱起來，可以談的話題越來越多，旅途雖在沙漠之中，也不會覺得寂寞無聊。

中午在一個名叫巴士頭（BARSTOW）的小鎭午餐。這只是沙漠裡的鐵路火車站吧了！用餐的時候到了，汽車都停下來加油加水，旅客們下車伸伸腰走動走動。由冷氣車裡出來，覺得沙漠的中午好熱。餐點只有炸鷄炸魚等幾種，吃飽當不成問題。在美國旅遊，就得吃美式食物，喝牛乳果汁或自來水。你總不能帶三天的便當去參加旅行團吧！司機打電話回旅行社去，才知道我們的車子剛離開旅行社還沒有轉彎，有兩個美國小姐就來了。但沒法追趕。

司機休息了一陣，我們散步和照相之後，繼續前進。我注意到公路旁的鐵路。在這沙漠裡，地面既平、路線又直，沒有河流、沒有山嶺，似乎風沙也不大。做這種鐵路是不難的，因爲四野沒有人煙，車站距離很大，沒有見到客車，貨車車班也很少，走了半天才見到一列火車，但氣勢之雄壯，出乎意外，面前五輛火車頭，拉着一百零九輛長貨車，後面兩輛火車頭推送，這列車有兩公里多長吧！在台灣和大陸上沒有見過這麼長的火車。

下午三點半，見到一條小溪，走了一天，畢竟見到水。有三公尺寬吧！導遊特別介紹，這是卡羅拉多河，我差點爲之暈倒，失望極了！想當初讀中學的時候，大家唱着「卡羅拉多河上的月光」的民歌，也是情歌，好美好美。現在親臨其境，見到的是如此「小巧」，「迷你」的，離開「美」竟是如此遙遠，或許有月光的夜晚，在這光禿禿的河岸上，和相愛的人，拉着手，唱着歌，會覺得萬里無雲的月光，會特別光耀，特別神祕吧！情調特別美吧！我只好如此自我安慰，再一想，眞希望是導遊說錯了。

黃昏前我們到一名叫倫敦橋的小鎭。有一河流，小水壩把河水攔成一小湖，有五六十公尺寬。石拱橋、樹林、花草、遊艇，也是風景區。相傳這橋原是在英國倫敦的。一百年前，先民東渡，把石橋搬來，建此河上，爲了交通，也把風景美化。今年剛好是一百週年，橋上插滿了英美兩國國旗，有種種紀念活動。這橋可以行走汽車，拱型，構圖很美。但要說是一百年前由英國搬來，那就只可一笑置之。先民們的財力再足，腦力也當然很夠，不會經過長程的海運之後，還有遙遠的沙漠陸運呢！如果說是倫敦請來的工程師或設計施工的圖樣，那倒是可能的，沙漠裡石料多得很呢！鎮上有英國維多利亞時代的型式的房屋，建築在河岸樹林之間的草地上，很不錯，構成風景區的一環。

▲沙漠小鎮的倫敦橋

沙漠的太陽下山得遲些。我們趕到「金門」鎮晚餐。餐廳老闆是由香港來的華人，會講廣東話。在沙漠的綠洲裡也有華人插足生根，眞是偉大。我點的是牛肉炒飯，不一會就把飯端上來了，是廣東館子的炒飯。我略一動手，覺得不對，告訴那紅頭髮藍眼睛的端盤小姐，這有白色的肉，可能是鷄，不是牛肉！她向廚房裡不知說了些什麼，回來告訴我說：「是牛肉，不錯，飯裡面有赤色的就是牛肉。」雞肉炒飯和牛肉炒飯價錢都相同，我又不是不吃雞肉的，她旣說是牛肉，那也就算了。於是動手吃將起來，吃了一小角了，小姐笑容可掬的跑來了，說：「不對，不是牛肉，是雞肉。」要把飯端回去，我也笑了，說：「已經吃了些了，不必換了。就吃鷄肉炒飯吧！」她也笑笑點點頭走了。我繼續吃下去。她又跑回來了，笑得更大聲更迷人，雞肉炒飯一定要端回去，因爲牛肉炒飯已經下鍋了，而且只有我要，如果我吃雞肉炒飯，那麼牛肉炒飯便沒有人要！弄得大家都笑了起來。旅途勞頓，這插曲也頗提神。

晚餐後我們重新上車，趕路到個叫「威廉」的小鎮去。這是旅行社的安排，我們也沒有意見。在沙漠裡，不見太陽，氣溫就降低。入夜了，低到二十度以下。好在車內，溫度下降的影響不大。我注意車外的情況，很少看見人家，沒有燈光，來往的夜行車也只偶然一見，此時已出了加利福尼亞州進入亞利桑那州了。公路的路標也略有不同，如里程標就大些、淸楚些，反射汽車燈光很漂亮。而且里程標之間的小標也很完整。司機開車很穩，我用手錶默計，每小時約行八十英里，很快，不慢。但如果在台灣用公里計算便有一百二十多公里了。在美國能夠認識路標，配合地圖，就能開車遍遊全國。這天，除了倫敦橋、金門鎮之外，全在沙漠裡，枯寂乏味。

九點，到威廉。這鄉下小鎮，沒有什麼可以觀光的。旅社是一樓平房，房間外的走廊是連接停車場，再外面便是公路。導遊特別關照，爲了安全，除非是自己人，絕對不可開門。旅社在房間門上也掛有說明，請旅客注意，門一關就會自動上鎖，但旅客務必要在鎖的中央紅色按鈕上，把鎖匙尖用力頂上去，那麼室外的人便不能用鎖匙開門，室內就安全了。房間很大，氣溫已低到攝氏十五度以下了。自動開關的瓦斯暖氣機就在床邊，一會兒熄，一會兒開，聲音又大，暖氣向身上直吹，實在受不了。看看衣櫃裡放有厚被，便拿來蓋，同時把溫度控制降低，才平安過了一夜。一覺醒來，看看天快亮了，拉開窗簾一看，沙漠裡的天空實在美。乾乾淨淨沒雲沒霧，沒有電燈，更無軟紅十丈的火光，一直看到天的那一邊，星星多而美。比飛機上看的星星更多，視野更廣更有趣。面對天空的衆多星座，覺得奇妙無比。這是沙漠的一點好處。

雖然旅館費用是旅行社負責，而且我們深夜來，清早走，根本沒見到旅館的人，更談不上替我們服務什麼，可是要走的時候，還是在桌上放了美金一元，作爲小費，有人說我是濶佬的作法！

這小鎮也有一些樹木。在沙漠裡，樹木、水流已經是很可貴的了。車子往大峽谷而去，我們的心情都活躍歡欣起來。大峽谷，地面平坦，一望無際，是一層層紅色白色紫色的石。可能是好多千千萬萬年之前，雨水、雪水在此流過，由於水流的侵蝕和風化作用，成爲一條河道。由東至西長二百七十七英里，大約由台北至鵝鑾鼻那麼長。也有大大小小、長長短短、深深淺淺的支流。水由四面八方流來，年復一年的加長加寬加深。目前主河道已經有一英里多寬，一英里多深。春夏季裡，雨水或雪山融化時，也有奔騰澎湃的流水。這時是旱季，河底沒有水，是乾的，所以只叫它爲大峽谷。

我們在大峽谷的南岸。也有一些林木。據說南岸的道路，一年四季都能通行。北岸的北端，在冬季裡常因風雪太大，爲了安全的理由，會封閉道路。南岸的遊客可以到達參觀的地方，都用鐵欄杆圍起來。由南望北，平坦的原野，直到天邊。峽谷的斷層，

▲大峽谷

隨著陽光方向的轉移，陰影和石層反映的色調也就千變萬化，蔚爲奇觀。有房子這麼大的石頭，看起來是架空搖搖欲墜的樣子，有人躭心，不知那一天會掉到千公尺下面的深谷中去？有學地質的人說，會的，一定會掉下深谷去的，只是不知道是幾千年還是幾萬年之後呢！這種架空的似乎風吹搖擺，或地震時會滾動的樣子，也許已經有了好幾千年或許好幾萬年了。人的壽命，在岩石面前，多不成比例呀！

有飛機場，小飛機、直昇機都有出租，價格亦不高。年輕的男女卻多租騾子，沿著小徑，的的得得，情意綿綿下到峽谷底部走一段河谷，或下騾拾幾片小石頭，以卜幸運或姻緣，或作紀念。這裡好天氣的日子多，在此露營、晒太陽、爬峽谷，看峽谷隨時

▲大峽谷。遠處地面是平坦的沙漠

變化的景觀，也是人生一大享受。但我們沒有這份福氣。

有紀念館博物館，提供很多資料。也有很多礦物植物標本，供遊客參觀，小冊子、幻燈片、電影等招待遊客，設想週到。如果是學生，學地質的、土木工程的，當可得到很多有用的知識。

整個觀光區沒有攤販。清潔、乾淨、安寧。可以免費使用公共廁所，提供衛生紙，設備的水準和觀光旅館差不多。也有專爲殘障人士停車或使用的設施，使我們羨慕不已！一方面是管理當局的設想週到，一方面也是遊客們的公共道德水準高。覺得我們要努力要學習的地方很多。

離開大峽谷，下一目標是胡佛水庫和大壩。沿途沒有市鎮人煙，中午只在一加油站附設的什貨店買些餅乾飲料，就算是午餐了。胡佛大壩是久已聞名的，當年在學校讀書時，雜誌上時常有壩的消息和工程圖片，印象還很深。因爲胡佛水庫建設完成，水庫的水和電力提供了美國西南各州農工業的需要。我國也以此爲借鏡。抗日戰爭期間設有揚子江水利委員會研究規劃在長江宜昌做大壩；把長江變成爲一大水庫，有發電、防洪、灌溉等目標。可惜未能付諸實施便東渡來台。如果我們在大陸多留十年，這大水庫會在我們手裡建成的。我們建造的石門水庫、萬大、德基、曾文、翡翠等水庫的工程師們，很少沒有到過胡佛水庫的。

在台灣，水庫容量最大的是曾文水庫，有五、六億立方公尺，石門水庫不到兩億，翡翠水庫約四億，全台灣的水庫容量總共約二十億立方公尺；而胡佛水庫卻有三百五十多億立方公尺，大壩建好之後，水流入庫，差不多流了一年才滿，可見一般。

胡佛水庫是以胡佛總統的名爲名的。胡佛老先生是有名的水利工程師。當年他力排衆議建築這水庫，也在他總統任內完成使用。他在水庫工程的成就，對美國的貢獻，可能超過他在政治上學術上的名望。

這水庫滿水時，湖水長一百七八十公里，約由台北至彰化。大壩是弧形的混凝土壩，高二百二十公尺，壩底厚二百公尺，頂長三百八十公尺，寬十四公尺，是四線道路。壩頂有電梯到達壩底，工程人員還可以到大壩裡面設置的廊道去觀察巡視，壩底兩岸都建有多座水力發電廠。

▲胡佛水庫容量352億立方公尺，是台灣石門水庫的二百倍。

水庫東岸是亞利桑那州，西岸是內華達州。水庫裡大壩旁有四座房子。前面兩座大門上都有時鐘，一是亞利桑那時間，一是內華達時間，其實是相同的。房子在水中，水深二百二十公尺，這房子下面是一根一根大水管，把水庫的水引導到大壩下面的水力發電廠去。河岸上輸電鐵塔傾斜着，向着河底的電廠，把電輸送到各州各市。站在壩頂看到二百多公尺下面的電廠，那裡行走的人們，簡直比螞蟻還要小呢！

現在是滿水期，雖然河岸上是黃石崖壁，但河水却平靜碧綠，這才顯得河水的美麗動人和可愛。在這裡划船釣魚，休閒觀光等都可令人回歸自然，清心寡慾。有人說，峽谷變成了水庫，破壞了天然景觀。也有人說，沒有這水庫就沒有靠這水庫灌溉的農

▲水庫中四座白屋，兩座在內華達州，兩座在亞利桑那州。
白屋下面是很多鉅管直達兩百多公尺下面的發電機進水管。

業，靠這電供應的工業，也不能讓這些農業人口工業人口安居樂業。何去何從，不是一句話可以論斷的了，需要政治家和科學家的智慧和數字上找到平衡點去權衡輕重。可惜的是精明有睿智爲國爲民的人少，而眼光短淺搖旗吶喊的半吊子太多，而社會大衆又可能喜歡聽取嘩衆的人們高談濶論，而不知不覺的跟着跑，這眞不是國家社會之福呢！

在壩頂旁邊岸上，有兩座塑像，坐着的人，兩個指向天空的翅膀，長長的，筆直，有冲天直飛的意思。我們在大壩上走來走去，到處照相，忽然導遊緊張得很的說，糟了，他們下壩底去玩了，那要天黑才回得來呢！

▲胡佛大壩頂有兩座長了欲向天飛翅的塑像

沙漠之旅(二)

▲廢銀銅礦場成為今日的鬼鎮。這木屋是消防隊舍。

胡佛水庫橫跨亞利桑那州和內華達州。內華達州是個大沙漠，沒有農業，沒有工業，也就沒有商業。說得不好聽是一個窮苦的州。除了沙漠可以試驗原子爆炸之外，莫奈窮何。爲謀賺得錢財，開了兩個賭城，南邊的是拉士爲佳市（LASVEGAS）。由胡佛水庫往西走，約兩小時可以到達。

晚飯時導遊詢問要不要去看賭城美式的男女上空裝的歌舞表演。票價是美金三十五元（合新台幣一千四百元），算得很貴。每人招待一杯果汁。有人說，團體買票，可能有不少的折扣。有人說，除了看上空表演之外，場面豪華換場迅速，是值得一看的。

我們在街上巡行一番，眞是聲光化電、金碧輝煌，到處都是餐飲，到處都是賭場，小街轉角之處，鶯鶯燕燕等候服務。只要口袋有錢，享受就在眼前。車子停下，立刻有人前來招呼，要賭錢、要喝酒、要女人，隨心所欲，這裡是公開的、合法的。而且只要有興致，這裡每天服務二十四小時，沒有星期休假。據說前時發生的國際大間諜案的主角，拿到報酬之後，每個週末都來此渡假享受。律師在此配合賭場營業時間，也每天二十四小時爲顧客服務。不論何時何刻或夜半三更，只要生意上門，他立刻工作。如是半夜有人要證婚，可能是內穿睡衣，外披法袍爲之福證，完成顧客的法律手續。晚上收費也不比日間高。如果離婚，則限制要在此設六個月以上戶籍，就在此賭上半年吧！也把離婚官司打完，拿着離婚證書走路。街上也有用華文招牌的商店，餐廳、什貨、律師都有。在這紙醉金迷的小鎭，中國菜餚正是配合得十分恰當。

我們在旅館裡，洗得澡來已是九點鐘了。決定下樓去賭一賭，見識見識。先定了兩個原則：一是時間不超過十二點鐘，因爲明天還要趕路；二是輸錢不超過美金十元。我把所有的硬幣拿出來，計算一下，二十五分錢的有二十四個，是六元。「就拿這六元做賭本吧！」到樓下賭場一看，各式各種的賭，花樣眞多。有賭棒球籃球的，看著電視廣播，隨時下注，隨時開彩，決定贏輸。有賭跑馬賽狗。有賭跑小塑膠馬，只有五六十公分大的場子，六匹小塑膠馬，隨便下注。起先會跑的，後勁不一定足。也有在電視上賭樸克牌的。令人眼花目眩，不知如何是好！就算要來玩玩，還不知如何下手得好呢！最後我們看到「吃角子老虎」，玩的人最多，也不複雜困難，賭注可大可小。我在

▲賭城金碧輝煌的夜景

一老先生旁看他玩。他告訴我一個祕訣，把角子（硬幣）塞下去，一次一定要塞夠五個，因爲五個角子的獎金是四個的十倍，我問他如果塞了五個角子，最高的獎金是多少？他說，最高的是三個SUPER連成一直線或橫線對角斜線，獎金是五百元。他說這非常不容易，不過半年前，他得過一次。來這裡賭，目的是玩玩而已，贏輸是其次。今晚是陪他太太的，如果玩一下就得到大額獎金，立刻住手不玩，便會贏。繼續玩下去，一定會輸的。

我看這種賭具用的角子，五分、十分、二十五分的都有，我找到一個沒人玩的是用二十五分的。照那位老先生的意見，塞五個角子。仔細一看塞幾個角子也有紀錄。塞了之後，將把手一攀，沒有聲息，被吃掉了。

▲賭城金碧輝煌的夜景

第二次塞五個角子，哈哈，它下面的槽子裡的的答答的掉個不停。那是獎金，一共得了二十五分的角子一百個，合美金二十五元。起初想把做賭本的二十四個收起來，以後便不會輪到本錢了，再一想，那又何必呢！是來玩的，並不是專門爲賭的，能夠守住不輸過十元就好了。於是又繼續玩下去。時得時失，失的時候，每次五個角子；得的時候，卻不一定，有時是兩個、六個、七個、十二個十七個不等。十七個來過好幾次。我仔細一想，這台機器一定出了毛病，不應該掉下七個、十七個來的。因爲是玩，也就不計較這些了。大約到十一點鐘時，只剩下四個角子了，還沒有超過預計的十元呢！於是向同伴借一個角子，湊成五個。心想，如果輸掉了就算了。結果卻掉下十七個來。把借來的一個還給同伴。以後又贏贏輸輸，到十一點半才把所有的角子輸光。這六元美金，玩了二個半小時，頗爲痛快。記得剛下手要賭時，那位老先生告訴我，最大獎額五百元，是三個ＳＵＰＥＲ出來的時候。有一次出來了兩個ＳＵＰＥＲ，另外一個也出來快到一半便停止了，可惜沒有出齊，否則也可得個五百元大獎。但是，這就是賭，「差點兒就有了」，引起賭下去的興趣。

既然不賭了，便在附近走動。看見有另外一種，用的像「袁大頭」差不多大小的「角子」，價值美金一元。一個濃裝豔抹的金髮女郎，三十多歲吧！她一次塞進去三個，被吃掉了，以後連連被吃了兩次。再玩時，那下面槽子裡的的答答不斷的掉，不知掉下多少那種大角子。她笑得大眼睛都瞇成一條線了。我向她恭喜，並祝她好運。她用像家裡的湯碗大小的塑膠桶裝了兩桶，也沒有裝完。只見她奮起精神說：「再來一次」。她用手一攀，下面槽子裡又的的答答的掉那大角子，掉得我的心都跳起來了。結果又掉了大半槽才停止，我大笑爲她賀喜，她也笑逐顏開，看看兩手是髒兮兮的，而我兩手也是黑黑的，她就緊緊的拉著我的手說：「很想抱一抱你，吻吻你，分享我的勝利，豐碩的勝利。」又說要請我去吃宵夜喝酒，希望不再輸回去。看她實在太興奮了。

想到才輸六元，還可以再玩一下。向女侍換了五元大角子，也嘗試玩大的看看。第一次得了三個。但不久便把所有全輸光了。一共輸掉了美金十一元，超過預算一元。兩手不斷的摸那角子，實在髒得很，問女侍那裡可以洗手？她笑迷迷的說：「洗手不幹了？再玩玩呀！」洗手，雙關語也。

這賭場夠大，賭二十一點樸克牌的，一連有十幾攤，每攤由一小姐做莊。約有十個八個賭客圍在對面下賭注。他們不用現金鈔票，而用籌碼。紅色籌碼是代表五元，看他們一下便是十個一堆。贏輸都很快，這就是賭，不是玩了。紙牌是一大堆，二十公分高吧！可能有一二十副牌混在一起，機器洗牌，用了一堆又換一堆，所以連出幾個ＡＫ的牌，都不足爲奇。

另外賭單雙、輪盤的都不少。賭場裡如果運氣好贏了錢，他們賭場會很快的兌現金鈔票給賭客，絕不用支票。一方面是維持他們賭場的信用，另一方面，現金也可以繼續的賭。他們就希望大家不斷的賭。也有人懷疑賭場會使用詐術，欺騙賭客。不過他們說，這點請大家放一百個心，因爲賭城就是依靠賭博而生存的。賭城的賭，是世界性的，並非浪得虛名。萬一使詐，所得利益有限，可是傳揚出去，誰還敢再來玩再來賭！豈不是傷了根本了！再蠢的人也不會做這種事的。而且賭客的運氣好，赢了一筆不小的款子，他們會替人客立即把錢匯入你的銀行賬戶，萬無一失，人還沒有回到家，錢已經進了賬了。賭城，酒色財氣，四方遊客不斷進出。多少人挾巨資而來，到處都是錢，可是治安極佳。主要就是維持這個玩樂風氣，賓至如歸，使人樂不思蜀，沒有絲毫顧慮，盡情的玩，盡錢去賭。市鎮之外，沙漠的黃沙翻飛，賭場之內，鈔票洪流滾滾，眞是有趣得很。難怪到洛杉磯的遊客總要抽空安排前來一遊，一睹賭城眞面目。

十二點到了，上樓回房間休息，做了一個晚上的小賭徒，輸掉了美金十一元整。

次日一早起身。看這二十八層旅館的後院，有兩個不同形狀的游泳池，可是沒有人去游水。池外綠草又平又軟，像厚的大地毯一般，可愛得很。有人在那裡照相，也是昨晚在賭場的遊客。旅館內外，建築佈置，水準都很好，可惜人們多數只注意到賭場上去。街上還有幾處正在建築高樓，也是賭場和旅館吧！這市鎮實在整潔而且安寧，有一遊樂場的滑梯，有十幾層樓高。因爲是早晨，沒見人上去玩。這麼高的滑梯，血壓高的人、心臟有毛病的人可能要避免的。有一馬戲團在表演。有些時候，動物不出來，只表演些空中飛人和騎單車的絕技等節目，免費招待兒童。因爲把孩子安置去看馬戲之後，大人就可以安心進賭場去賭錢。這也是爲賭客們設想得非常週到的事，因爲孩子們在身旁便不能專心一志去賭。

我們在一家自助餐廳吃早點。五百座位的大廳爲之客滿，排隊進門，吃飽的後門出去。每人一元五角，實在很便宜。罐頭水果、新鮮水果、甜點麵包、鹹肉牛肉、三明治等，不論盤數，吃飽爲止。女侍還問要熱的？冷的？牛奶？咖啡？據說：他們的早點是不賺錢的，希望大家吃飽了就從後門上樓去賭，樓上就是賭場。

我們原定十點鐘離開賭城的，可是早餐後經過一家賭場，他們又賭了起來。我是堅持原則，昨晚已經賭過了。今日不再賭了。只在同伴的前後左右觀察，爲他們的勝利而歡呼，爲他們的失利而嘆息。一同伴說，他去玩輪盤，贏了五六十元了，結果他的太太把他拉了回來，還說：不要把飛機票輸掉了。其實，他已經計算準了，贏錢的方位，連續觀察了幾次，準贏不輸的，可惜沒有賭下去。我聽之後，深切的瞭解到，每位賭客都有他的完整的一套賭錢必勝的道理。如果輸了，那是運氣不好，他們不照牌理出牌，不是他的賭經不精。一位台灣去的先生玩電腦的五張樸克牌，出來了最高價位的「同花帶順」，本來可以得五百元獎金的，可惜他只塞進四個「角子」去，結果只得到五十元而已；一位阿婆，剛換十元的角子，一下子又換二十元，沒多久又換十元，也就是她一直在輸。人家告訴他，玩吃角子老虎，要看以前的人，如果他輸了很多，你接下去玩，這時機器裡已經裝滿了角子，你就會贏。否則，就會輸。

上車之後，大家談的都是賭經。似乎只有那位阿婆輸得多一點，其他各人勝負都在二三十元以內。只有導遊不賭。他說，他是常來此地，一定要把持得住，否則，這條路線便不能跑了。

回洛杉磯的半途，我們經過一個「鬼鎮」，是一百多年前廢掉了的銀銅礦場，保留了一些古代的房屋店鋪，沒有什麼好看的。只是又逢到昨夜同旅館同賭場的台灣去的朋友。

在洛杉磯的旅行社裡談起有人經過賭城，去試試手氣，第一次被吃了，第二次就得了整整一千元美金，大喜過望，馬上收手，保持勝利的果實。他知道再賭下去，必輸無疑，十賭九輸，財神已經照顧過一次了，不會再來第二次讓你一直贏下去的。旅行社的人說，週末有開賭城的專車，叫做發財車，以前坐這車去賭城的人可以憑車票向賭場兌回半數車費，現在辦法改爲免費乘車。到了賭城之後，買了多少賭錢籌碼的贈送吃喝的餐飲劵，買多少籌碼的免費住宿旅館。（旅館費用不大，雙人大房間，定價七十元，實收約三四十元）。買更多籌碼的，則免費女侍招待，一天二十四小時服務。只要客人肯賭。最好是大賭特賭，賭客們對服務人員的小費，出手也多數很大方，因爲贏了錢，可不在乎這點小費；如果輸了錢，那麼，大把錢都輸掉了，還在乎省一點小費嗎？萬一不幸，把賭資全部輸光了，賭場的人們也設想得很週到，不要在賭城跳樓服毒，有免費回洛杉磯的車相送，而且還贈送現金七元五角，以爲回到洛杉磯下了發財車之後，坐計程車回家去睡大覺，下次再來。眞是只要有人肯去賭，他們都服務週到。

環球影城

洛杉磯有兩個和我們外雙溪電影文化城相似的地方。一是好萊塢，一是環球影城。人們說，好萊塢原是很好的，只是它開放給遊客參觀的時間很少。於是我們便到環球影城去。

進門時賣門票的小姐一一淸點大人小孩的人數，認眞的態度使人反感。成人票是十三元五角。我也刻板的算起賬來，坦白告訴她，賬沒算對，少收了七元五角。她說，不錯，其中有三個人年紀超過五十五歲，應該優待，每人只收十一元。美國人就是這麼一板一眼的可愛。我以爲做事的公平、誠實的小事，在細微末節上表現出來，就是國家富強、民族朝氣的根本。只問應該怎樣做，而不考慮錢不錢！他們這點「笨」，比我們中國人的小「聰明」要強得多。

進得門來，隨便自由參觀。我們先去看「拍電影」的節目。在一個大房子裡面，頗似戲院，但舞台很大、很深。台上有不少拍電影的道具。開始的時候，主持人徵求觀衆毛遂自荐，自告奮勇上台充當臨時演員。於是就有男男女女老老少少，上台應徵。他都不挑選，來者不拒。我身旁一個七老八十的大鬍子，要他的孫子上台去，小孩不肯。結果他託我幫他照顧小孩，他自己上台去過過演電影的癮。主持人對每個臨時演員都訪問三句五句，話雖不多，却妙語如珠。減低登台做戲的緊張情緒。然後一一到後台去化妝，舞台一角推出幾個布景，是市街。一家銀行，正是營業的時候。一個鄉下女人，帶了一袋錢去上銀行。突然有四五個土匪前來搶錢，得手後騎馬飛奔而去。馬是像兒童樂園那樣的塑膠馬，人騎上去之後可以前後俯仰，大電扇吹動人的衣物，和馬的尾巴都飄動起來，背景是由市街再轉變爲郊外，公路、樹木、小山、流水急速移動。演土匪的人聽從導演就是節目主持人的指揮，一面騎馬、身體前傾，一面回頭向後開鎗射擊，好像是和後面追來的警察發生槍戰一般。馬嘶聲和槍聲馬蹄聲人聲混雜在一起，情勢越來越緊張，當土匪忙著騎馬奔逃，又要回身對警察打槍，慌亂之中，一不小心，把搶來的錢袋掉落地下，為一路人拾得。這個拾得錢袋的人利慾薰心，抱著錢袋向舞台另一角的樹林奔跑而去。樹林前面有河，是透明的塑膠水池，幾個男女青年在樹下池邊釣魚，談情說愛。警察放棄騎馬的土匪，轉而向樹林進攻。槍聲再起，這些釣魚的人們走頭無路，逃命要緊，紛紛跳入河中逃生，脫離險地。這幾個臨時演員，跳入水池裡，人人沒頂，爬上岸來，個個成為落湯之雞，大呼倒楣不已！

慌亂之間，錢袋為另一釣魚的人拿到。他拚命走向舞台中心佈置好的小飛機上，發動飛機，起飛就走。這飛機也像兒童樂園的玩具，但螺旋槳會轉動得很快，而且飛機的縱軸安裝得很堅固，可以做各種轉角、擺動，還可以翻滾等驚險的動作，配合佈景的天空雲彩等，就像眞實的一般。似乎地面上有人向飛機不斷射擊，配合飛機的吼聲，情勢再度緊張，逃生的飛機接連演出各種緊急恐怖的姿態。雖是在舞台上表演，可是那位演員却也披頭散髮，大汗淋漓，緊張得很。在一排槍聲之中，飛機突然轉彎翻滾的時候，那錢袋由飛機上掉了出來，落到一條小河上遊艇之上。

這遊艇上一對男女，正在卿卿我我的互訴衷情。看到錢袋自天而降，一時不知所措，船隨水直流入湍流之中。河水、浪花都往船上衝來。其實船只在原來的位置，左右前後搖擺而已！後面的佈景電影是河岸、崖石、堤防、樹林、人家等急速移動變化。衝上船來的河水却是在船的左右各站著一個小姐，旁邊放了許多水桶。她們先是用手灑水，等到船到急灘時便半桶半桶，一桶一桶的往這對情侶身上倒去。這兩個人正莫可奈何的時候，水倒完了，電燈亮了，戲也結束了。他們兩人下得船來，由頭至脚一身都是水，不斷的搖頭，台下的觀衆却不斷的鼓掌。

大家正要站起出場時，主持的導演要求大家多坐一下，說要放電影。剛才的臨時演員們一個個卸裝，換回原來的衣服下台，每人都得到一份紀念品，隨著電燈又熄掉了，電影開始，放映的電影就是剛才拍攝的「警察捉強盜」，只是加添了些他們事先拍好的警察追趕、開槍、打飛機的幾個片斷而已！而那搶鄉下女人的土匪，即是坐在我身旁的那位大鬍子。這現拍現放的電影，演員觀衆都很開心親切。我們中國人說的「膏藥沒假，把戲無眞」！把戲，就是變戲法，電影就是變戲法之一。

環球影城有一遊覽列車，大約兩個小時開一班。當我等待開車的一段時間，從一個門縫往裡面看他們拍正式的電影。似乎是拍中國功夫或江湖郎中賣藝者發生意外事故的情節，看他們一再的N・G・重來，單調乏味得很。有人却指指點點說，那個叫什麼名字的名導演，那個是大牌紅星。或許在整齣電影片中只佔有那麼幾秒鐘的片斷，可是拍攝起來却是如此麻煩。尤其那明星的笑，一而再的表演同一種類、同一情節方式的笑，與其說是歡笑，不如說是苦笑，在我看來已到皮笑肉不笑，不得不爲之一笑的程度。這就是藝術吧！

遊覽車有四五節，約可坐一兩百人。這列車先經過幾條街道。這些街道有歐洲的、英國的、印第安人的、中國的、日本的、泰國的等世界各地的特色建築，而且又有近代的和古代的，品味都有不同，是提供電影業者拍攝外景之用。經過一些倉庫房屋，裡面全是道具，各式名畫、雕塑、古董等等，有人說：只要有其中一件，而且是眞品的話，可能一生也吃用不盡，當非虛語。一棟五層樓房，慘遭回祿。每個窗口都噴出熊熊烈火，濃烟籠罩，恐怖得很。可是轉到房屋的背面時，可以看到每個窗戶噴出烟火之處，都有一個鐵箱子和瓦斯管路連接着，把瓦斯火一開，便任它燃燒多久，都還保持原狀的經久耐用，下次可以再來，這就是電影。

車經過一架橋，走到橋中央時，木樑突然斷裂，發出「吱載」之聲，車頭往下沉落半公尺，車和人都往前傾斜。遊客急忙把牢椅背，或抱緊鄰座，全車乘客大聲驚叫，橋下是一二十公尺的深谷。這橋一斷，車毀人亡，很多人都沒有買人壽保險，那還得了！車掌急忙高呼大家鎮靜，不要慌亂，應付急變。正在莫可奈何之時，車頭已慢慢爬上了對岸，平安渡過一次車禍的災難。以後我們的車經過橋下的山谷，仰望剛才經過的危橋，發現這橋木架斷裂之處是經過設計的，下面還有千斤頂等機械支撐着，控制着橋面下沉的尺寸，雖覺危險，其實安全的製造有驚無險的場面，體會電影的味道。

在一鄉村小店前，忽然天昏地暗，狂風夾着暴雨打着車子。山洪暴發，溪水暴漲，道路淹水，侵入車中，濺上車板，滔滔洪流，冲倒溪旁大樹，連根拔起，倒在路邊，差一點壓在車上，司機繞道而過，使人驚駭。車在洪水中慢慢渡到高坡時，回首剛才那段鄉村小店前道路，已經天晴氣朗、洪水消退，連根拔起倒在車旁的大樹也已復原站立起來，等待下班車經過時，再來人造洪水再配合倒塌一次。原來這段歷程也是電影的呼風喚雨的手法。

一個可能是人工湖，不知水有多深！我們見到潛水艇載浮載沉，鎗炮俱備。十多公尺長的大魚游來游去，還把魚頭伸出水面，張開血盆大口，露着鋸齒大牙，原以爲是和我們的車子親熱一番的，那知它卻對着我們噴射出大陣水柱，雖然有窗玻璃不致把衣服弄濕，也嚇得我們一跳，毫無親善之誠意。經湖中路堤時，路面又突然下陷半公尺，車子雖然仍舊緩慢前進，車兩旁的湖水，卻像瀑布成簾一般流下，構思也很具匠意。大魚仍在遠處噴水呢！

車子經過一處山頂，可以遙望洛杉磯市街。對街道熟識的人能夠指出那是什麼地方，那是什麼建築。洛杉磯高樓不多，且頗集中。現在登高望遠，心境爲之一寬，剛才所經的驚險，也就置諸腦後了。

不久，車進入山洞。山洞之內，天昏地暗原是常事，並不可怕。但是配上恐怖的聲光，是雷、是電，有人的吼聲，悽厲的慘叫，有猛獸群的狂號。閃閃的電光，可以見到車外怪石嶙峋，間中噴射泉水；正在莫可奈何之時，車子搖動了，是地震。車剛向左側傾斜，忽然又向右翻轉。似乎山洞頂有落石轟隆轟隆的打在車頂上，「哈嚓」聲響，好像車身被石擊中而掉落一塊。遊客們急忙互相緊緊的抱著鄰座，或拉著前座椅背。天旋地轉的山洞之內，遇到大地震，只覺得世界末日來到了。又不能下車逃命，天翻地覆，有婦人尖聲大叫，小孩大哭和車外淒厲的吼聲混在一起，恐怖之極。有人肚子裡在翻滾，高呼要嘔要吐，個個都頭昏眼又花，腦袋發脹，秩序有點亂。地震聲、落石聲、「空空」的響、「嗚嗚」的叫。忽然「嘩咧」一聲，接著「嗖」的一長聲，好像是水柱混著沙石壓住車子什麼部份，車子什麼部份又「噹啷」的掉在地面上去。糟糕，這下完了。地獄就在前面，只聽得後座兩夫婦輕聲的說：「怕是沒有用的，要鎮定，要鎮定。」我睜開眼睛，壯著膽，再看車外，車還是仍然慢慢的走著。忽然太陽光射進車來，車子出了山洞，脫離了地獄的大門，平平穩穩的悠哉悠哉的走著，若無其事。阿彌陀佛，上帝和大家同在，保佑大家平平安安。轉過頭向後面看剛才經過的山洞，我才明白過來，世界末日沒有到來，大地震也沒有發生，遊覽車也沒有到地獄去，也沒有傾斜，只是慢慢的走著，旋轉的卻是外面的「山洞」，加上恐怖的燈光和配音而已！雖然如此，覺得此行不像坐車，而似坐船，在颱風圈裡的海面上飄流盤旋浮沉一般。人就是如此善感的動物，本身原是安安穩穩的，卻受到環境的影響，傳播工具的擾亂視聽，而心神不寧，憂思重重，惶恐得不可終日，走進牛角尖去，影響了正常的判斷能力。

坐了一小時半的電影車，下得車來，大家都在擦汗，拍拍沒有灰塵的衣服，胃裡還沒有平息，腦子還在發脹。好在眼睛還是亮晶晶的。花了十一元美金門票，如此受罪，似乎又滿有趣味的。人就是這樣，既害怕、又好奇。

在一個戲院裡面，觀衆坐定之後，他們在台上表演，道具也很簡單，一張主管的辦公桌、靠背椅，和附屬的文書櫃電話機等，牆壁也有掛圖和油畫等。這些道具是事先經過安排，和地板牆壁結合得十分牢固的。拍戲的時候，一主管坐在大靠背椅上看圖表批公文，打電話等等日常工作的情形。然後把整個辦公室九十度角的轉過來，地板豎立著成了牆壁，原來的牆壁成了水平的地板。那主管坐的是靠背椅，不會掉下來，而且手還可以動作，也可以和旁人說話，就是不能離開靠背椅。另外一個人來了，走的地板，就是剛才的牆壁，走來走去，做各種動作，和主管討論問題、握手等等，兩人的身體互相垂直著。這段電影立即放映出來，主管是在靠背椅上正襟危坐，頭上脚下，而那位進來辦交涉的人却是在牆壁上活動，有聲音，也有影子，並不虛幻。想起以前看到電影有人在牆壁上行動，唱歌跳舞，現在看到這種現身說法，再推想到在天花板上行動打架表演功夫翻筋斗，也不是難事了。

拍攝巨大的恐龍的片子也很有趣，實際的恐龍是不到半公尺大的塑膠龍，但配合的佈景房子等也小得很，公共汽車還沒有火柴盒大。拍完之後，電影放映出來，就覺得恐龍的猙獰凶狠與碩大可怕呢！

飛碟和太空人的接合是在天花板下面有幾條軌道，飛碟飛行是在軌道上垂著看不見的繩索吊著進行的，像我們的木偶戲一般。太空人穿著太空衣吊在軌道上，垂直、傾斜、水平各種姿態，也是由木偶戲般的由吊線伸縮調度。兩個太空人的接合，只要一伸手便可成功的，爲了劇情的需要，而故意表現各種困苦和艱難吧了！接合成功之後，在旁邊的助理人員，把太空人像小孩子推鞦韆一般的一送，進入了飛碟，飛碟便呼嘯而去。攝影機就在他們面前的另一條軌道上，隨著上下左右的拍攝。拍完之後也是馬上把電影放給大家欣賞。和我們過去見到的一般。我想，這些給小孩子們看看也很不錯。

動物表演也頗有可觀。先由一狗一貓出場，在舞台上追逐，貓情急智生，跳入一竹籃裡面。這竹籃是由屋頂上用繩子垂下來的，繩頭也垂在籃子旁邊。貓進了籃後，狗拉著繩頭向另外一邊跑去，把竹籃拉到屋頂。只見貓迅速跳出竹籃，往一根木棒上用力一拍，木棒應聲掉下，就是一幅布幕，上書動物表演團的招牌。狗又回過頭來，在另一木棒上用腳一踢，也掉下一張布幕，上書「請鼓掌」幾個字，頗見巧思。以後各種動物表演也很精彩。忽然主持者詢問觀衆，表演得好不好？又問「那一位觀衆願意給這隻可愛的鸚鵡一點獎賞？」有人從口袋中拿出一張鈔票，用手指夾著，伸手向前。那鸚鵡大叫數聲，疾飛而出，口銜鈔票而回，立在主持者的肩上，全場鼓掌。主持者把鈔票拿出來一揚，深致謝意。仔細一看，大聲叫道：「呀！二十元！」隨著又說：「謝謝了，只是雕蟲小技，不敢蒙受大獎。」叫鸚鵡謝謝觀衆。鸚鵡叫了幾聲、口銜鈔票，在千餘觀衆裡面找尋原給鈔票的觀衆，站在他的肩上，放下鈔票，又再飛回去。這鸚鵡居然還認得出那位朋友來，眞不簡單，訓練得成功。

一天之遊，受了驚嚇，也見識了好些事情，算來還是值得的。

聖地牙哥和墨西哥

▲聖地牙哥海洋世界

好久以前，曾聽過一個故事。說：從前有一家廣東人，飄洋過海到美國來開天闢地，創基立業，奮鬥過活。在美國一處海灘登岸落腳。這海灘地勢平坦，但有一溪流，陽光充足，氣候暖和。他們開發起來，種植花生蕃茄、青菜水果，還養雞鴨鵝。不遠處有一小市鎮，可以銷售他們產品，於是有收入了。刻苦耐勞，有了灌溉水路，開墾的農地日益擴大，產品更加豐富了。忠厚的中國人和小市鎮的居民建立了良好的關係。有人指導他們那片土地是政府的，要向政府購買才算合法。因爲那是毫不起眼的荒地，盡他們最大的能力，用五十元美金，買下了那沿海幾里長幾里寬的那大片沒人要的土地。日子一天天一年年過去，他們的農地也越開越大，生活也日有改善，成了像電影上那種美式農場的規模了。

不過，由於軍事的觀點，人民的情況也隨著改變。那片海灘爲海軍部門選中，要闢爲軍港，依法徵收土地，但政府給予補償費。依照政府的計算價值是美金五千萬元。農場主人保留了一點土地之外，發了一筆大財。據說，這片海灘就是加利福尼亞州南端的聖地牙哥，現在已經發展成爲一個都市。

這傳奇故事，眞是信不信由你，但可以證實的是聖地牙哥卻確是海軍基地。港灣之內，大大小小的軍艦兵船不計其數，龐然巨物的航空母艦也在其中。這都市的市區不大，也好像是完全爲了海港而存在的。由街上到海灣中的一島有一水泥橋，接通兩岸。這橋的高度是我所見到最高的水泥橋。橋下可以容許所有的船艦在最高潮水時安全通過。而且橋樑的弧狀構圖，也算得上美觀。

我們本來想自己開車去墨西哥的，但經過大家商量之後，以爲汽車出入國境手續繁多費時費事，而旅行社的導遊他們天天進進出出，熟悉例規而且有交情，比較方便，於是我們再去參加旅行團，目的地是聖地牙哥市郊的海洋世界，出美國國境到墨西哥國的邊境市鎮。

旅行社約好在蒙得利公園市那個小停車場集合。我們怕上班時間路上塞車，提早出發，到那裡時還不到八點半。不一會來了一車，小姐停好車之後，下來一對老年夫婦，看樣子也是參加旅行團出去玩的。

「也是由台灣來的！」我想。

我是不怕生疏，敢先開口和人交談閒聊的。

他們眞的由台南來，小姐剛結婚，請老爸老母出來觀光旅遊。我在台南住了多年，談起來也是鄉親。她在台南家專畢業，和我一同鄉的小姐同班，她們一在美國一在羅馬，還時常通訊聯繫，談得大家都很高興。

遊覽車來了，車上已先坐了幾人。車門開處，只聽到一聲上海白話叫道：

「阿鍾呀！儂來哉！」

抬頭一看，天下有這麼巧，此公是台糖公司多年的同事，他在台東當課長，我時常去出差，共同工作。他調花蓮，我又常去花蓮。及後我調台北，他也調台北，公務上合作是常事。

但公餘我去聽古典文學講座，學寫小說，他也在座。在中華體育館烈日之下打傘排隊買籃球賽入場券，他會拿果汁來慰勞解渴。國父紀念館欣賞平劇他是鄰座。我們從來沒有事先邀約，可是總會相逢。如今在美國洛杉磯到墨西哥去旅行，他賢伉儷倆又是同一車上。世界就是這麼小嗎？還是我們的緣份大？也可見在美國洛杉磯舊金山的中國人確實不少。人生何處不相逢，眞是有如一夢。

遊覽車出洛杉磯市區，我注意到是走六十號高速公路，而且和我家門口不遠那條馬路相交。休息時我向司機求證，並請他回程時在這兩路的交口邊讓我們下車，步行回家，十五分鐘可以到達，不必走到蒙得利公園市去，讓家人開車出來接。司機同意了，不過他說，回來時已經入夜，而且專心開車，最好到時提醒他，不要忘記。這條公路平平凡凡，沒有風景可言，但來往的車很多，像河水一般不斷的急速流動，因爲不是上下班的尖峰時間，也不會塞車。

海洋世界在聖地牙哥市區西北，是一個大公園、遊樂區，和迪斯耐樂園相似，吸引不少遊客，但規模較小，惟環境清幽，品味不同。進得門來，拿到一份說明書。這份說明書的設計人是很下了點心思的，它有全園的示意圖，用顏色分爲海豚區、海豹區、鯨魚區、企鵝區；還有地圖使用法，使你節省看圖時找尋的時間，如表演地區用青色字，表演時間用黑色字，展覽區用紫色字，藍色字是休息飲食，紅色字是紀念品禮品店。似乎國內設計使用的說明書如此用心者很少，我以爲很值得研究學習。

▲聖地牙哥海洋公園的音樂噴水池

▲與表演人員對戲的海獅。

水上音樂廳（WATER FANTASY SHOW）表演的場所有點像小型的圓型體育館，四週分層約有千餘座位。中間低地是一排三個圓形水池，中間的較大，約有十公尺直徑。小的也有七八公尺。觀衆坐定之後，播放音樂、關門、熄燈、全場漆黑。隨著音樂悠揚進行，水池下面漸漸露出紅黃青綠白紫各種顏色的燈光，配合音樂的旋律，由弱而強，接着在彩色中間噴出水花水柱，音樂越高昂響亮，水柱越往上闖昇，越噴越大，燈光也五彩繽紛，光華耀眼。把音樂、水柱、燈光，三種不同的東西，互相和諧配合得有感情的表達。同一地點的燈光顏色有變化，構成全水池的色調情緒，隨著音樂而構成不同的有變化的圖案。而水柱的數量多少，位置、大小、高低、形狀，也配合成爲奇妙的立體的美麗景觀。同一水柱的形狀，可以是一條直線往上射出，達三四層樓高，也可以像孟宗竹一般，一棵一棵，下段粗壯頂上張開作綠葉成蔭，或一叢一叢極其壯麗，也會低矮下來像是荷葉，或是滿池蓮花、牡丹。變化多端，耳目都不暇接應，使人陶醉，極爲迷人。我想照幾張相片，但同伴說照不出來，所以沒有照。可是最後我覺得太美了，不留點痕跡未免可惜，照了一張，冲洗出來，居然十分成功，又後悔沒有多照幾張。

海豚、海豹表演都沒有什麼特色，成群的企鵝，樣子滑稽，幼稚而天眞得可愛。多與小動物接觸，也許會返老還童，心情愉快。

鯨魚表演是值得一看的。不過座位不要太前太低，能在五六排最好。鯨魚長十四五公尺、

▲聖地牙哥海洋公園的殺人鯨表演
▲聖地牙哥海洋公園的人魚表演

一百多噸的龐然巨物，受過訓練，能聽人指揮。一般的來說，訓練鯨魚比海豚海豹都難。體形巨大，速度又快，它快的時候，跑百公尺的運動健將，很少能追得上它。據說訓練的時候，把科技上的聲納，安裝進鯨魚的耳朵。（我假定放聲納的那個地方就算是耳朵，也許是在嘴吧裡的某一角落），鯨魚便能感覺到人們的命令訊號，它就依照表演。每表演一兩個節目，就賞兩條魚給它吃，不賞就不表演，賞小魚，也會搖頭不肯接受，似乎和訓練員能夠互通消息似的。

鯨魚表演的花樣有好幾種。急速游動凌空跳躍起來是把整個大魚在空中飛躍前進。或跳起水面然後頭在下尾上翹的轉成一圈都很精采。或游來游去，游得高興時，把頭伸出水池牆外，探首向群衆觀望，然後「碰」的一聲，把魚身往水池一沉，池水浪花濺出池外，靠地面三四排以下的觀衆都成了落湯雞一般，照相機也許還在對準魚頭攝影呢！所以我說座位最好在五六排上，就是這個緣故。

訓練員穿著紅色緊身衣服，和鯨魚紅綠相配，一齊表演。如鯨魚貼著水面快速前進，她則站在魚背上做出各種美妙的姿勢。或人在魚的鼻端，由魚推著前行，忽然魚頭突然一抬，把那女郎向空中彈出，飛得好高，在半空中成抛物線的弧形軌道，再入水中，姿勢美極妙極。

淡水魚水族館的水箱中有各種大小有鱗沒鱗的魚。似乎好多參觀的男賓女客都和我差不多，對魚類水族沒有什麼研究，叫不出它的名字，只好奇的看看樣子漂亮不漂亮。

日本村裡有一水池，深三四公尺，水清見底，有幾個大蚌。水面浮一個像小孩洗澡大小的木盆。一日本採珍珠的女郎，全身穿白色的衣服，雖然氣溫只有攝氏十四五度，爲了表演，她往池中一跳，由這端游到那端，有二十公尺吧！再在水面游來游去，泳姿頗佳。然後把頭一低，往下一沉，兩腳朝天一踢，整個人便往池底下潛，在池底游來游去，找那大蚌。找到之後，浮起水面，放入木盆。一共找到五六個，在觀衆的掌聲中上岸更衣而去。其實，這套游水技術，並不算很高妙。記得當年在家鄉讀小學時，夏天的黃昏，孩子們都在溪潭裡游泳潛水，在溪底尋寶，溪底情形比這水池複雜多了，面積更大，所以潛水時間也更長，只是沒有這麼冷就是。

海洋世界的公園佈置得很美。假山、水池、噴泉、草皮、花木等等都很雅潔，秩序也很好。池邊草地，野鴨成群，中秋過了，又壯又肥！如在家鄉正是盤中寵物。可是此地保護野生動物工作做得很好，這些鴨子水鳥在水面悠哉悠哉或浮或飛或相追逐，或在草地上吃草花小蟲，或躺著曬太陽。有人說，人若生而能過此閒適生活，也算不虛來到人世間一行了。

這幾天和導遊相處得熟了，休息時談到他自己，卻是感慨萬千。想當初，來到美國，原希望利用獎學金讀個一流大學的研究所，得個學位，博士也好，碩士也罷！但是現實比人強，東也不成，西也不得。加州氣候比較溫和，來往的華人也多，過活求生存比較容易。雖想開公司行號，自己沒有錢當老闆，即使當伙計的工作也不容易找。年紀輕，求生存，什麼正當的事都可以幹。開車、導遊是最基本的過日子的本事，一開始接手，便放不下了。在美國，士大夫的觀念就很單薄。比如說，自己有錢開小旅店的人，自己當老闆，也許自己兼茶房。僱人收拾房間、整理浴室、洗刷馬桶，每小時工資，用外國人是十五元以上，用中國人十二元就可以。但總不如自己下手，做一小時便賺十二元，也是生意經，賺錢呀！在美國只考慮工作正當不正當，沒有什麼高低之別，大家的目的都是賺錢。他還說，在台灣，家裡的抽水馬桶不通了，也是自己去弄通的。這裡洗一點鐘馬桶賺台幣五百元，何樂不爲！人生就是如此！我們這半吊子的英語，一做了導遊，就一直做下去了。日子離開博士碩士學者專家的美夢，越來越遠。初時還不敢對台灣家裡說實話，覺得愧對江東父老。日子久了，也想開了。我不是生活得很好、很快樂嗎？天天交新朋友，而且大多數都是來自家鄉的鄉親呢！

我們離開美國到墨西哥國境之前，導遊告訴大家，出美國境進入墨西哥國內的手續十分簡單，什麼都不要，像由洛杉磯到聖地牙哥差不多。可是由墨西哥到美國，要經過美國移民局的檢查。各位的護照一定要沒有毛病，像片、簽證有效日期等都要事先查看。如果有一點點的問題，便回不來了。我們的車子是不能等候的。眞的如此的話，那最好留在車上，車不去墨西哥。在美國這邊看看墨西哥那邊也是一樣。沒想到這幾句話，眞的就有人不下車出國境，以免麻煩。他自己最瞭解自己的事。記得以前聽人說過一個旅行團四十多人，到什麼地方過境。出境時只剩下五人。俗話說的「跳機」就是指這樣吧！

墨西哥國內人民生活比較清苦，很多各國人等希望到美國去謀生，求發展。但要辦移民手續，談何容易！於是「偷渡」便在邊境盛行。我們看兩國邊界，房屋、馬路都有分隔；但離開三五百公尺便是光禿禿的山，山上的國界也有鐵絲網等簡單設備，也有探照燈。但畢竟不如歐洲東西柏林的水泥圍牆來得有效。據說偷渡的在漫長的山區國界上和警察玩捉迷藏的把戲。安全過界的是幸運；被逮着的也不算倒楣，也許并不是第一次被捉，可能明天晚上又會重來。這一天，便捉了兩卡車的偷渡者送回墨西哥去。

墨西哥這邊的市鎮名字叫做蒂娃娜。第一個印象便是市面蕭條，汽車很少，馬路也不整潔。在大街上走不了多遠就有好幾家脫衣舞的酒店，以不穿衣服爲號召，有的還有照片爲證。一進國門便先看到這種行業，也不是味道。

▲美國和墨西哥的國界。前面的橋是在美國，中間白色的橋是在墨西哥。

街上商店出賣眞皮衣物和手藝精緻的銀飾很多，都很有名。導遊曾提及兩件事：「第一是價錢，如對貨品能夠辨別好壞眞假等級和行情的最好，或許可以買到便宜東西；否則他們開價一百，如果五十元成交，也許不算吃虧。其次，不要手上拿着一千八百元現鈔票和人做交易。可能有人一出手把鈔票搶走，拔腿就跑；跑得快極，轉彎便不見人了。官司也不好打得。財不露白爲上。」大家心裡有了底子，買東西便有個計算。說起來有好些皮衣皮包眞是不錯，價錢也不貴。他們略懂英語，以美金計價。買了一個眞皮的皮包，可以上班出近差的，手工也好。回到遊覽車上，同伴們看了又看，問了價錢之後，有三個人再下車回去每人買兩隻。那些商店也有以「手工製造」爲號召的，價錢便高得多。但仔細一看，手工製的或許還不如機製的呢！一小姐買了一條銀鍊連一顆墜子，手工精細得很，非常可愛，是八元買的。她說得笑起來：「最初她開價六十元，還他五元，一經還價，她便纏着不放，幾經還價才成交的。」大家都笑說：「最少值得二十元。不過不要買到賊贓才好。」

馬路上發現了好幾個華文招牌。那一定是中國人開的店鋪。中國人已經脫離了餐廳洗衣店而進入各行各業去了。這應該是好現象。

墨西哥的汽油價廉，只有美國的六成左右。所以有不少聖地牙哥人前去墨西哥加汽油。因爲兩地相距只十幾哩而已！也有人說墨西哥汽油品質並不很好，很損汽車引擎，說不定還不合算呢！誰是誰非，不知有無人下功夫去研究過？

回到美國來，在一飲食店休息，要離開時，有人說：幾個月前在這店的門口，流氓們拔槍大決鬥，當場打死了四人，倒在靠大門的桌子上，就是我們吃冰淇淋的那桌。聽得大家心裡發毛，趕緊上車回洛杉磯去。

離開聖地牙哥市已是萬家燈火了。高速公路上對面六線道來車，燈光耀眼，放眼向前望去，汽車的洪流，強光的洪流，排山倒海般的一輛緊接著一輛而來，目不暇接，氣派雄偉之至。同方向的車尾紅光密密麻麻的路上快速跑動。如果拍攝成電影，一定很有性格；如果寫入小說也會成爲動人的情節。

我注視公路上的指示牌。進入六十號公路後，我提醒司機在我家門前交叉口停車。忽然內人突然插嘴說，就在這裡下車好了。這裡是我們家山那邊的公園呢！司機在加油站停車，下車來說：「早上說的地點還在前面呢！」我仔細一看，果然不錯，眞的是那個公園，這裡離家更近。至此，我十分佩服她認路的能力。因爲我們只來此公園一次，而且是在白天，現在黑夜裡的汽車上，竟能辨認得出來，眞不容易。我說，我在美國認路是憑著地圖，下功夫，走一回看一次地圖。而她呢！完全靠天賦和靈感認路，累試不爽。我是苦學，她是天才，令人欽佩。

鹽湖城之旅

到洛杉磯時見到二兒，他說要去鹽湖城。這麼一說，使我一聲長嘆：「好不容易出國一趟，却聚少離多。又要去鹽湖城。」他說他研究的這學門的學會，今年在鹽湖城開年會，他提出去的論文入選在前四名，必須前去演講，並接受同行的學者專家們的詢問，不得不去。爲了此行，還準備了好些圖表和海報等資料。又說，他去參加這種學術性的會議是由學校負擔費用，而眷屬的來回機票和旅館費用都是半價優待。並且已經買了我們的機票。

我算了一下，兩夫婦的費用，總在美金七八百元，何必花這些錢呢！一想，機票已經買了，也只得去玩一回了。不過我想，如果坐灰狗公司的長途汽車，也許沿途可以多看些地方。把地圖打開，汽車開出了洛杉磯，上十五號公路，便可以一直到鹽湖城。因爲我們這次旅行是不趕時間的。就算多走一兩天，也可以多看些地方，也是值得的。只是這些主意都給他們否決了。

本來二兒去鹽湖城開會四日，要我們同行。我却認爲鹽湖城不是個大城市，有兩天，甚至一天也可以了，因爲以前曾有一朋友在那裏住了十幾年，那邊的情形，也大概有些印象。最後決定，二兒回舊金山時，把大件的箱子帶去，我們只背一個旅行小包，就輕便得多了。二兒到鹽湖城之後有電話來，旅館已訂下了SHILO INN，出機場後，可以打電話叫旅館派車來接。也可以坐路易士兄弟公司的公共汽車，每人三元。我把鹽湖城市區地圖打開來看，機場和鬧區相連。我們行李簡單，說句大話，走路也可以走到。不過那是宗教都市，好些馬路都以TEMPLE爲名，對一個觀光客而言，是會暈頭暈腦的。而且二兒訂的旅館是INN，不是HOTEL，這種小客棧，還不知到那裏去找呢！其實這想法是多餘的。美國人就是這種德性，明明是十幾層樓幾百客房的大旅館，他卻自稱爲客棧INN。

我們首途前往鹽湖城，三兒開車送去機場。想起三兒離家九年，只四年前回國一次。如今成家立業了，父母前來，又只相聚半月而已。我恐怕他會流淚傷心。所以當出柵口上飛機時，我一直在拖延至最後，等到不得不走了，叫他回去，他不肯，一定要看飛機飛走。我們出了柵口，他又要照相機爲我們照相，當我們到達機門口時，回首一看，他還在那裏看著我們，和我們招手，我一聲叫他回去，說實話，心裏也很難過，不得已硬起心腸進入機艙。飛機滑行至起跑點時，從窗口遠望機場大廈，形狀都縮小，見不到三兒了，頗覺黯然。

飛機很快離開了洛杉磯。往下一看，沙漠。不得了的沙漠，幾天前曾有過沙漠之旅，有太陽無風，還不覺得沙漠的恐怖。現在飛機上看到的地面更遼闊廣大，覺得毫無生意。只見黃澄澄的狂風，吹得沙漠裏的沙土，在半空中飛揚盤旋，遮沒了大地，不知涵蓋了多少地方，一大片一大片黃烟滾翻，此起彼落，可怕之至。深幸沒有自己開車，也沒有坐灰狗汽車在這沙漠裏旅行。如果整天都在如此的大風沙裏，那將無聊、單調、枯燥兼而有之，了無情趣。那還有什麼風景可言，簡直就可比颱風時海上的漁船了。

因爲是短途，而且不是用餐時間，飛機上只招待每人一小包花生米和一杯果汁。飛行了一個半小時到達。鹽湖城的機場不小，平電梯有好幾段，省得剛下飛機的人提著行李走遠路。指示牌也很多。內子說跟着人家走便好，這是好主意。只是走不了多遠，我看指示牌上，却分別團體和個人各有出口，有的人下了飛機並不出去，是在此地轉乘別的航線飛機，路線都不相同。於是只好依照指示牌走去。國內機場，而且行李簡單，很快便出得機場。現在的問題是如何到達旅館？當地時間比洛杉磯時間早一小時，夏令時間又提前一小時。已是下班下課的時候了。看起來走路是不行的。二兒說的，坐計程車或坐路易士兄弟公司的公共汽車，也可以打電話到旅館派車來接。正在東張西望要找公共電話時，見到一位看起來是鹽湖城的熟客，問他公共電話在那裏？公共汽車在那裏坐？他說就在這裏坐公共汽車。問他到那裏？往 SHILO INN 是否同路？他說不同路。我正要請教他時，他却說：「你看，那不是你要去的旅館車子來了！」我連忙招手。上得車來，原來就只有我們二人，是專程來接我們的。內人說，如果坐公共汽車，每人要三元，既然免費來接，小費應該多給一點。在旅館門口下車，我給了兩元，她又給了兩元。司機高興得不得了，連忙陪我們去櫃臺，替我們找房間。只見他在登記簿上一頁一頁的翻，就是找不著。最後他問是不是一位年輕的身材高高的博士訂的？又把相似的給我看，終於找到了。是十一樓十五號房。他又找房間鑰匙，送我們上樓去，服務十分週到。我想這些小費眞有用處。

街上氣溫是攝氏四度，遙望遠處山頂，到處都是一片白白的，已經積雪，可以滑雪了。想起中秋剛過沒有幾天，在台北還開冷氣呢！再一想，歷史上楚漢的最後一戰，張子房悲歌散楚。這悲歌開首是「九月深秋兮，四野飛霜」這九月指的是農曆九月，在長江之北，已經有霜了。鹽湖城的緯度更高，下雪應該不足爲奇，只是在台灣住了這麼幾十年，一時想像不到罷了！這都市一年到頭，氣溫都很低，有八九個月可以滑雪。所以很多學術團體的會議，都到這裡來開。有的是週末之前把會開完，利用週末在此度假；有的是上午開會，下午帶了家眷去滑雪，晚上再繼續開會。所以航空公司和旅館業者優待學術團體連同眷屬半價，也不是從今天才開始，也算是做生意的手法之一。

二兒來了，看到我雖穿夾克，但打了領帶，頭髮也很整潔，內人帶有旗袍和短大衣，更加容光煥發。他說，七點去參加他們的年會宴。本來每人餐費四十元，因爲有人有事不能出席，給了他兩張餐券。所以我們去，並非白吃，這身穿著也算得出衆。

這年會在美國是全國性的，這門的專家學者都去參加，共有二千多人，各國籍的人都有。華人也不少。晚七時至八時是酒會；八時至十時是年會宴；十時以後是舞會。開會這家旅館規模很大，酒會舞會在一樓；年會宴二百桌在二樓，而且也不見得擁擠。

到達會場旅館時，他的同事卡拉小姐在大門邊等著。她說，樓上靠牆壁轉角處那桌爲我們留了三個位子；並且囑咐我們在樓下酒會轉一下便可以上來。她比二兒年長，身高一七〇公分以上，早已得到博士學位。但她的興趣在於臨床，就是做醫生，爲人醫病，看上去仁慈的母性光輝，充滿臉上和眼神。對二兒十分照顧和幫忙，我們非常感謝。

酒會上喝酒是要付錢的，有一塊牌子上面寫的是：

WINE：1.50

DRINK：2.50

LIQUOR：3.50

初到美國，這些名堂還不懂。年會宴席上除了卡拉小姐外還有一位資深教授，大名是米勒先生，留著鬚和鬍，據說五六年前是「西皮」，現在已經好得多了。同桌另外五人是別校別國人士。在美國的宴會是沒有「敬酒」這一套的，你喜歡喝多少，就儘管喝；而且各自喝自己的，毫無勉強別人喝酒的習慣。米勒先生很健談，話題一對胃口，酒杯就不斷靠近嘴唇，喝呀喝的，況且喝的是加州葡萄酒，甜甜的，滿好喝的。因爲以爲我曾釀過酒，對酒，自以爲不算外行。可是今天在酒會上那塊牌子面前，就不得不低頭了。米勒先生是研究生物化學的，對製酒是基本技術。我請他告訴我那三種飲料的分別。他說：WINE是葡萄酒等醱酵而成的。DRINK是包括果汁、汽水等類飲料。LIQUOR是威士忌等蒸餾的烈酒。這才使我恍然大悟。在我的品評，我們喝的葡萄酒的等級，似乎比台灣公賣局的要高出兩級，在酒會上的價錢卻比果汁飲料還要便宜，身價卻低。侍者問我們要不要威士忌？在宴會上喝酒是不加錢的。只是我們大家只要葡萄酒就很助談興了。米勒先生問我什麼工作？我告訴他，是土木工程師，做鐵路和建築工程的。他笑說你的孩子卻不跟你學呢！他問廣東老家的房屋做了幾年？我約略算了一下，「三百多年！」他卻愕然。他對我的名字有興趣，但不管怎樣也發不出「淼」這音來。我用中文寫給他看，他這下懂了—是由三個相同單位組合而成的，而且他猜測這一單位必然有它特定的意義。我告訴他，那單位代表的是水。

「要這麼多水幹什麼？」

我把中國人的「哲學」，有所謂「生辰」「八字」，裡面含有金火水木土稱爲「五行」，有「相生相剋」的說法，胡說八道了一番。因爲是幫助喝酒，吹牛也就無所謂。其實我那裡懂得這些紫微斗數高深玄妙的道理呢！當下說明我的八字裡面可能欠缺水，補救的辦法便是在名字裡面加水，最多加到三個。卡拉小姐說，如果八字裡面缺少了火怎麼辦？我告訴她，中國文字裏面有三個火字，三個金字，三個木字和三個土字組合成的字，供人們選擇使用。他們連說中國人的辦法很有意思。

晚宴的菜式倒很普通，主菜是牛排。他們以爲會來一客一磅重五分熟的。結果端上來的卻是一塊半磅都不到的九成熟的，味道很不錯，對我來說卻十分足夠了。牛排過後，他們在商量什麼事情，我卻不懂。原來是談以後研究計畫，什麼題目，如何進行等等。很快的十點鐘就到了。樓下大廳的音樂響了起來，舞會開始了。

舞會是由一對年長教授夫婦領導，首先下池，隨後便有一百多對翩翩起舞。其他的在樓上欄杆下望，或在一樓走廊看人跳舞或和人閒聊。我看見一位十分像中國人，我乾脆用普通話問他是否從台灣來？他果然是在台灣大學附屬醫院工作。我有些朋友他都認識，但這次來此係和我一樣以眷屬身分參加。他自己是外科醫生，他的太太才是參加會議的。我深深覺得他們都是中國新生的一代，稱得上是國家的精英，假以時日，必然出人頭地，在國際科學界放射異彩。我們用普通話交談，引起幾位大陸來的學者的注意便走過來一起聊天。因爲二兒曾上台演講，並接受詢問，他們的印象深刻。他們稱二兒爲「大夫」，我一時愣在那裡。因爲他們研究的都是在醫學範圍之內，這年會出席的也多是醫生。剛才同席的米勒先生便是小兒科的權威，在加州大學醫學中心也教小兒科，似乎也可以說，這學門的世界級頂尖學者，也多參加這個會議。旣然他們稱二兒爲「大夫」，我也不必作什麼說明和解釋。他們一再稱讚二兒的研究有成績、有成就。其實這位大陸學者在這學門的另一方面（分子染色）的研究也有很深的研究和成就。談來談去，我說是自台灣來的。這句「自台灣來」，吸引了更多由大陸來的朋友，有的說他是廣東人；有的說在上海工作。我告訴他們，我是廣東人；在上海時住在北四川路蘇州河邊郵政總局對面。這就是同鄉，可以聊的話題就多了。講講廣東話，又插幾句上海白。他說，他們的研究都有限，不像在美國，可以自由研究。我說，台灣也可以自由研究。一位大夫很認眞的說，「台灣當然好」。我也很認眞的說，歡迎諸位到台灣去旅遊，看看中華民國是如何發展，如何壯大的。別的不說，各位可以看看台灣的醫院，看看中華民國的醫學教育。這些諸位都是行家必然能瞭解的。那大夫神色黯然的說，他們來美研究已經兩年，再加十幾天便要回國了。話一談到這些地方，使人很是傷感。

鹽湖城的旅館房間雖然大，設備也好，價錢卻不高。我們半價優待，不到四十元，比台北的便宜多多。我們是天亮起床的，拉開窗簾一看，街上靜靜的，沒有行人，也無車走。氣溫仍低。身上穿的衣服和台北十七八度時的差不多，在街上行走，也不覺得怎麼冷。美國歷史上東部的居民西遷，趕著有篷的馬車，攜家帶眷，歷盡千山萬水，備受千辛萬苦，道過此地，發現這麼一個大湖。有水就有魚蝦水產，可以養人，於是定居下來。這些族人都是摩門教徒，性格保守，男權高張。可能是長途跋涉，開天闢地，男人勞碌，加上種種戰爭、死亡衆多，結果女人多出男人甚多。這是極爲嚴重的社會問題，也是很現實的問題。賢明的社會領袖人士爲了解決這困難，於是摩門教允許有能力養家的男人，可以多娶幾個太太，成爲三妻四妾，和中國歷史上的制度相似。但近來時代在變動，婚姻制度也漸漸有了變化，成爲一夫一妻了。

街路寬大潔淨而整齊。建築物除了旅館之外，最值得一看的便是教堂。高聳的塔尖參差，陽光輝照之下顯得金碧輝煌，雕塑細緻，配合整個宏大的建築，使人覺得肅穆莊嚴。臨街的是花鐵門，庭院內幾座建築之間有樹木花草。秋天來了，楓樹是紅葉的。有一種什麼樹，卻是黃葉，整棵鮮黃，黃得艷麗而非衰落之狀，丰采之佳，不下暮春三月碧綠的楓葉。在院子裡面遇到昨夜年會宴中見到的台大醫院的外科大夫。他來得比我更早。

我們進入一大廳中，有如旅館的接待廳，一男士穿著整齊，用日本話和我交談。我不知道我那一點像日本人，因爲來美國之後，被認爲日本人已好多次了。說不定在美國的日本人多也有關係。他聽我說是從台灣來的，忙請人打電話，一面和我閒談。結果來了一位高個子穿長袍的小姐。她說在香港住過要用廣東話跟我交談，實在轉不過來，或我聽不懂她的廣東話時，只好用英語溝通和補充。她帶我們到教堂各處參觀。這是摩門教。摩門教也信奉基督，但畢竟和基督教、天主教有分別。天主教的是教堂（CHURCH），摩門教的是廟堂（TEMPLE）。鹽湖城

▲塩湖城教堂裡的雕塑

大街的好幾條都以TEMPLE爲名。一處有幾條牛的雕像，好似共同抬一個大桶。她解釋，教徒入教先在半樓領受聖水再在桶裡受洗，儀式莊嚴而隆重。

大廟中約有一千多個座位的大堂，交響樂團之類的團體在練習排演，二兒曾說過有水準頗高的合唱團在此爲年會演唱，可能就是他們。這「舞台」，我姑且說它做舞台，因爲我不知道該叫做什麼，相當富麗堂皇，正中後面是一排風琴的管子，低音的管子像杜頭一般，粗而長，高音的細而短，搭配成美妙的圖案，現在中正紀念館音樂廳有一座。

另一棟樓房是圖書館。我們自然不會來讀書的。牆壁上幾幅大油畫，精彩得很，人物比眞人還大，神態逼眞。有一幅似乎是耶

▲塩湖城教堂裡的管風琴

穌在馬槽降生的故事。她帶我們到一放映室，有宗教故事的電影錄影帶。我先說明我們可以參觀到十一點四十分爲止。因爲十二點前必須回到旅館結帳，把房間退掉，否則旅館便要多算一天房租。於是她選了一卷描寫一個年輕人怎樣信奉上帝的過程的影片，時間是二十分鐘。她把壁櫃打開，我看同一影片，中國語言發音的有國語、粵語、台語、福州話、上海話等等多種，別的其他國家語言的還很多。以後我又發現大大小小的放映室有好多間，適合各種團體。至此，我實在佩服他們的宗教精神，下的功夫仔細而深入。了不起。

在一棵樹下有一輛牛車的雕塑，她說是紀念先民從東部前來墾荒的偉大精神。這時，我們剛進廟堂接待我們的那位男士帶領著一隊二十幾人前來參觀，說的是土耳其語。不知道廟堂裡有多少語言的人才？難得得很。很慚愧，我沒有「奉獻」給廟堂，她卻如此熱忱的引導我們參觀，感激之餘，利用最後幾分鐘時間談了一陣她的愛情和婚姻生活片斷。她高興得眉飛色舞，把姓名地址告訴我們，要我們把今天的照片寄給她和她未來的那一半共同欣賞。

從廟堂回到旅館，在餐廳等待二兒。卡拉小姐先來了，很興奮的告訴我們，說二兒得了第一名的首獎。我們也高興得很。二兒來了，因爲上臺領獎，所以遲了一點。獎金是五百元，並不算什麼。只是在年會的紀錄上會留下一項紀錄，是可貴的。回到辦公室之後，還要好好的請客呢！如米勒先生卡拉小姐，和幾位博士候選人的助手等等，都幫了很大忙，都得好好的謝謝他們。現在想起來，昨天下午在會議中的演講之後，好些人提出問題，當場一一作答，眞不容易，因爲提問題的都是這行的專家學者。我高興的是二兒出國十二年來的努力，有了成果。這些成果得到這學門的專家學者的肯定、認可，並非浪得虛名，這年會紀錄是永遠存在的。回舊金山一個多月後，二兒的學校刊物上刊出二兒的相片，並說明研究成果甚爲傑出等等的話。但最高興的是那位博士候選人，他再半年即將畢業，拿到博士後要找工作。因爲那篇論文的助理有他的名字，他用那論文加上「得到某年某學會年會首獎」幾個字，寄出去找工作，很快的便有人請他，而年薪之高也出乎他自己的意料。他一直說要他來請客才好。

回舊金山的飛機是下午五點半的，這段時間可以租一輛車到郊外的滑雪村即公園市（PARK CITY）去走走。但他們還沒有吃午餐。只得買些餐點飲料帶著。旅館派車送我們去機場對面的租車公司。和二兒談起在旅館桌上放了一元做小費，因爲從昨天住進去，到今天出來，沒有人爲我們服務過，除一樓管賬小姐外，還沒見旅館的人。二兒說這也罷了。談到小費，說及昨天免費接機，我們共給了四元小費，二兒大爲吃驚說，臺灣來的觀光客出手都這麼闊氣。

這位司機服務的確週到，得些小費，毫不冤枉。車子到了機場，找不到租車公司，到機場對面去繞了一圈，還是沒有，又回到機場來，問人、打電話，轉來轉去，幾通電話之後，跑到好遠的地方才找到，而司機毫無難色，高高興興的爲我們卸下行李才再見。免費的服務如此週到，在台灣恐怕難見到，在租車公司用信用卡，塡一張表，就拿了車子鎖匙，便開車出發了，簡單得很。因爲來此度假的人多乘飛機而來，就在當地租車使用。租車公司手續十分簡單，生意也不錯。

卡拉小姐打開地圖說，她來開車。沿途都是上坡。林木茂密，有風景就有趣味。滑雪村附近就有好些滑雪場。現在雪雖然不很厚，也可以滑了，只是上山的纜車還不能開動。樹林中的山道上，已有人背著雪橇上山了。滑雪，一個人辛辛苦苦的由山下一步一步的往山頂上爬，然後在高高的山頂上一滑到底，緊張刺激。好比一個人每天勤勞工作，積蓄錢財，然後來一次度假，用光所有，痛快、舒服。

滑雪村是一條小街，若干年前是一個礦區。礦挖完之後，人們發現可以滑雪，於是維持了這小村鎮的存在，只是社會型態不同了。街上除了飲食紀念品商店之外，還有房屋出租——自然是租給來此度假滑雪的。別處的房屋出租都說房子如何新，此地的房屋出租卻以「八十年老屋」，或「百年古厝」爲號召，得到較好的租金。說起來美國眞是個年輕國家，像這八十、一百年便算老了，在中國來說不過是光緒年間罷了，老不到那裏去，到處都是。可是在美國已經是「老骨董」了。

在街上又見到好幾家中文的招牌。我們中國人眞是偉大，當年礦區可以挖礦的時候，中國同胞便來此出賣勞力。街上有一間博物館，大約有一百平方公尺的大小，展出的是當地的骨董。如「乾隆通寶」的銅錢，中國農民用的「通書」，就是「皇曆」，乾的中國青草藥材，風吹不熄的船燈，油紙造的雨傘，和現在高雄美濃特產差不多，只是傘面沒有藝術圖畫，這些都是中國人當年的日用品。另外有鴉片煙的精華，那是毒品或是藥物。當年用的小火車的照片等。當年民間的垃圾堆，因爲這裡整年寒冷，乾燥、垃圾多不會變質，還保留在那裏，所以人們便去挖掘那垃圾堆，找些老祖母破衣服上的鈕扣，帽子頂上的貝殼，日用的小物件，竹木製的小家具之類，也許顏色更深了，或者更淡了，更富有「古」意，把它當作古董、寶物。到底骨董和垃圾之間的界限如何？我沒有下工夫研究，或請教專家，似乎兩者之間有若干相通之處，可能有人把兩者混淆不清，這該是一百年前的人所沒想到的事。博物館地下室是當年關人犯的監獄。房間有大有小，鐵栅門堅實，門和地之間有一洞口，是送飲食的。在大房間的牆壁上留有一個黑色的一公尺多大的圖案，是犯人每天用燭炬燒完時的燈蕊黑炭，在牆上塗上一個黑點，窮年累月完成這個「心」形，想來也是度過牢獄中的無聊歲月吧？我猜想這博物館的房子，當年一定是警察局派出所，才會有這些設備。博物館中這麼多中國的東西，中國人在此做工的也一定不少。

我們在一家餐飲店小坐，一份冰淇淋比我們吃飯的碗還大，天氣這麼冷，冰淇淋卻用特大號的碗，只能兩人共一碗。因爲卡拉小姐的衣服單薄，在此寒風積雪的地方不宜久留。回程時看到路旁山邊水湄正在建築房屋，那一定是爲了滑雪度假的人們使用的。上帝對此地的人們比內華達州優厚得太多了。

鹽湖在鹽湖城街市北面十餘英里。湖邊有一煉銅工廠，但無煙無火，不知是否仍在開工煉銅？這麼說來猶他州是有礦產的。鹽湖因位置低，衆水歸來，不能排出。在歷史的洪流裏，水質變鹹了，像海一般的有鹽。站在岸上看看大湖，一望無際，不知湖有多大？南北方向長是七八十英里，拿臺灣來比約由基隆至苗栗。東西方向約三十餘英里。舉目遠望，與海無異。差不多已經可以看出地球表面的曲弧了。湖水因風吹來，拍岸成波成浪，也捲起堆堆白雪。可惜的是湖面雖大，不見船帆，也無碼頭，但已有人塡土建屋了。一定造旅館。以後人們到鹽湖城度假，此地有山有水，有樹有雪，除了現在的爬山滑雪之外還可以遊湖划船，成爲度假中心。比昔日的挖礦時期更爲光輝、更有前途。

這次半日之旅，租車費十元，汽油十一元，都算便宜，只是保險八元，有些心痛，但又不敢不投保。

鹽湖城至舊金山飛機的航程也是一小時半。因爲已近晚餐時刻，所以每人都有一盒鹹肉三明治。飲料包括葡萄酒都免費，我們要了一瓶香檳，約有半斤，慢慢的喝了起來，一時似乎都成了酒徒。

舊金山是美國西岸的大門，名氣之大遠在鹽湖城之上，但這國際機場的規模卻小，不如鹽湖城的遠甚。

舊金山

美國西部面臨太平洋，有三大都市，西雅圖、舊金山和洛杉磯。洛杉磯最大，舊金山的氣候最好。這三個都市的華人都很多。

㈠山城的氣候和港灣

舊金山市（SAN FRANCISCO CITY也叫做三藩市）緯度約三十八度，和我國的青島差不多，冬不冷，夏不熱，十分宜人。全年氣溫在攝氏七、八度至二十度之間。低於七、八度或高於二十度的時日不多，雖也偶然冷到零度，草上有白霜，但因空氣乾燥，即使是低溫，感覺上卻似乎溫暖得多，還不如台北寒冷。住在舊金山，不冷不熱，舒服得很。所以家庭中沒有人用冷氣機，而暖氣卻家家都有。在美國，比舊金山以北的地方和東部，秋冬季酷寒。舊金山卻陽光十分豐足，如噴泉一般的金光照耀，取不盡，用不完。

舊金山市區三面臨海及灣，東西約十三公里，南北約十一公里，人口約七十萬人，實在不能算大，可是相連接的南市直到矽谷的聖荷西，和海灣東面的奧克蘭、柏克萊等合起來成爲大舊金山地區，總人口便有二百萬了。一般人說舊金山，便是指這大舊金山地區；像台北一般，人們常把新店、永和、板橋、三重等包括在內。

舊金山的港灣，由太平洋入口處只有寬約兩公里的港口，就在金門大橋處。裡面是世界有名的優良的舊金山灣。往北走有約四十公里，且連接沙加孟都河，直到加州首府沙加孟都市，中途又有好幾個壯濶的內灣，十分優越；往南直到聖荷西，長約五十五公里。這約一百公里長的海灣，寬的地方有二十公里；狹處也有七、八公里，水深都可航行所有的船艦。港口南北的山岡台地，保障得灣內浪平濤伏，水波不興。

港口聞名世界的金門大橋聯接南北兩岸。市東面有海灣大橋，經金銀島至東灣的奧克蘭和柏克萊。這海灣大橋是和金門大橋同時建造的，但却沒有什麼名氣，它的規模却大得多，而且是雙層，上層往西，下層往東，分開行車。市區至金銀島之間是吊橋，長度比金門大橋長三四倍；金銀島至東灣奧克蘭之間是鋼架橋，有幾孔鋼架的外觀非常雄偉而秀麗。

秋冬季裡，舊金山常有濃雲重霧，在家裡向山頂看去，或許見到雲霧。一陣風吹來，雲霧便往下蓋了一段樹木；再一會那山腰房屋也封在雲霧之中。我們說那雙子峯上的天線塔高聳入雲，一點不假。因爲雲時常在塔頂塔腰飄浮。港口的金門大橋那兩架鋼橋墩，有時頂在雲中，有時橋面雲霧迷漫，而頂端却在雲頂上的太陽光中發出耀眼的紅光。海灣北岸有一小鎭，有山岡把太平洋隔開，也把雲霧阻擋住而有好太陽，這雲霧向南伸展常到灣區爲止，聖荷西的氣候也更爲宜人。

㈡市街

舊金山是名符其實的山城。有山有水，山地比平地更大。有名的金門公園在市區西面，八、九百公尺寬，由太平洋海岸直達市區中心，長五公里多，整齊長方形的綠帶在市區裡，這麼的大手筆，確實非凡。金門公園南北兩部的街路名稱，規劃得很科學，南北方向的稱爲街（AVE.），由市中心向西至太平洋的第四十八街爲止。用數目字爲街名，只有第十三街不用「十三」這不吉利的字眼，而用FUNSTON AVE.。還有另一條在第三十六街至第三十七街間一百多公尺寬的林園大道叫做日落大道。而且公園南區也被人稱爲日落區。由東至西的路，除公園南北兩路之外，自北向南用西班牙人名爲路名，它的次序依第一字母很巧妙的選了A字開始，第二條路名是B字，直到市南U、V、W等。門牌的編列，也很有規則，每一區（BLOCK）用一百號。如JK之間爲1400，KL之間便是1500。一區中是沒有一百號的，所以門牌的空號不少。海邊至第三十六街是平坦的海灘地，其後便是高低起伏的地形，街路還算直，山頂的街路便依地形而彎曲。第八街後段爲山頂，和第七街高低相差二三十公尺。如果和新朋友通電話，問他在那裡？只要說在「第二十二街，K與L之間」，便很清楚了。

在市西面約三分之一有一條大路，由山頂斜向市鬧區直到海灣，叫做馬結路（MARKET STREET）。市政中心在這路的中間。這大路地面行駛汽車，地下第一層行駛市區地下鐵路，第二層是舊金山灣區的快速運輸的鐵路。馬結路西北端是市區的精華商業地區，高樓大廈全集中在這裡，有名的聯合廣場、中國城都在這地區。電力公司一棟大樓有五六千人在此工作，幾年前還包括前國務卿舒茲先生在內。

馬結路西南區的街路，也大多用數目字編號，但叫做路（STREET）。鐵路和兩條高速公路都在這地區。其他各種命名的街路也很多。

市區中心偏南的「德維生山」（MT. DAVISON）最高，二百八十公尺。其次是雙子峰（TWIN PEAKS）約二百七十餘公尺，峰頂有一座很漂亮壯觀、紅白相間的天線塔，市區很多地方很遠都看得見。我的住所就在這下面不遠，所以回家時常以天線塔爲目標。

舊金山是山，平坦的地區不大，是原來的海灘。歷史上由東部前來墾荒的先民們千乘萬騎，攜家帶眷，歷盡艱辛，卻在這附近發現了金礦，吸引了發淘金夢的人前來發財，把這個海灘繁榮起來，以後逐漸向山頂開發。所以山頂地區樹木成林、綠草如茵的房屋是較新的，而且各家各戶的庭院鮮花鬥艷，似乎越往上走，風景越佳，空氣越清新，房屋的價格也越高，住的都是高收入的人家，爲了維持社區的安寧整潔，好些事務都由社區中的住戶，大家共同來爲自己的環境，造成人間樂園。

市政府有清潔車每星期打掃街路一次。在路旁豎立牌子說明星期幾掃街，自幾點至幾點不得在路上停車。每天清晨倒垃圾一次，住戶把垃圾裝在頂有蓋、底有兩個輪子的大桶裡，每日上班前把它推出門外，垃圾車來時，有人會代爲傾倒上車。這些工人，住戶是要付費的，在舊金山的家庭，菜蔬魚肉在超級市場採購，這些東西都已先精選，所以家庭的垃圾不多。

沒有規定何種人居住何處，或不應該居住何處！但是大體上無形中還是約略有些範圍。中國城那橫直十多條街路，居住的多是中國華人，並且是住了幾十年以上的老華僑鄉親爲主。而近三四十年到來的華人多住在日落區，或克來門路（CLEMENT STREET），好些都有高級學位，在各機構中擔任高級職位。

日本裔也聚居一區，這區的街路潔淨如洗，鳥語花香十分幽靜，來到此地有如進了深山古寺，可以享受靜與美，使人心胸寧靜。日裔美人是不是有強烈的日本味道呢？也不盡然。我好幾次曾用日本語想跟日本青年閒聊，他們搖搖頭說，他知道我說的是日本話，因爲他的父母都會講也常講，可是他們自幼稚園以後，都用英語，不會講日語，極力提倡用英文英語的也是日本人。

墨西哥人靠近南市。大體上西班牙人、歐洲人、白俄、黑人很自然的無形中各有各的地區。如果由台灣來的家庭住到別的地區去，親友們會很奇怪，「怎麼住到那地方去了呢？」如果在白人區中發現了有幾家黑人住進去了，那麼這社區的房價地價便會跌落，原先居住的白人可能就一家一家的搬走。雖然政府和社會名流一再提倡平等，但似乎不是一朝一夕可以見到成效。

商業區住宅區嚴格劃分。在住宅區中只有那些規定的地段才可以開設商店，管得很嚴。

㈢住宅房屋

舊金山的高樓都集中在馬結路靠近海灣那段地區，而且也限定在那地區，別的地方只能建四層以下的房屋。像加州大學舊金山分部我國科學家李卓皓先生的研究室，那棟大樓是在山腳下的特殊地點。

金門公園南面一排英國維多利亞式的木造房屋，典雅、華美、精緻，細膩得很，他們像國寶古蹟般的維護，照顧得像新的一般。別的二樓四樓的房屋，也很多前面有突出的六角形窗台，但有變化各具不同的造型。

住宅區的規劃是高品質的。（我自認是我們最最不能比的。）街路兩旁的人行道和房屋之間有一小片綠地，路邊到房屋有六公尺以上，汽車出入，不會把車子伸入街路之中。住宅後面的院子，常有房地深度的一半。如果房地深四十公尺，後院的深度便有二十公尺，前後兩家後院合起來便有四十公尺。不像台北很多公寓前後兩棟的人，幾乎可以站在陽台上握手爲禮。

單棟房屋另有車庫，連棟住宅的一樓多

▲住宅都有車庫，房屋前面有院子

是車庫和放置暖氣機、洗衣機、烘衣機、熱水器等。客廳、起居室、臥室、廚房都在二樓三樓。通常家庭中客廳都又大又高，臥室也很大，餐廳也大得令人覺得浪費，而且餐廳之外又還有比較小的早餐間。這些住宅的設計構想是未成年的子女，不論年齡大小，要分開房間，孩子長大之後便離家自營生活，所以臥室不多，並且規定一家住宅只能有一間廚房，這是享受大少爺的生活情趣。和我們盡量利用空間的觀念不同。我們是停留在解決衣食溫飽的階段，住行的要求不高。

舊金山的住宅規劃，一開始便考慮街路是行車的，不是停車的。這就是生活品質，很值得我們參考改進，把我們的都市計畫法修正，修正到提高居住品質，而不是擠最多的人口。

▲超級市場外面都有停車場

下水道也很值得稱道，廚房浴廁洗衣等廢水，和雨水下水道分開。這點高雄台北都在進行補救，而高雄最有成效，值得鼓掌。可見家庭廢水和雨水分道是可行且必要的，不是高調，需要列入都市計畫法。在新開發的社區實施；在舊社區設法補救。

因爲美國的松木物美價廉，產量豐富，住宅建築除高樓大廈之外，大部份是木造，屋架、桁樑都是用鐵釘釘牢，施工簡便。所使用的木料尺寸大而密集，在我們看來已近浪費了。木造住宅的內外牆壁，用木板之外，還用一種石灰板，面底兩層是紙，半寸厚的石灰水泥。浴室等處用的，則水泥成份較高，可抗潮溼水份。這種板有四呎寬，八呎或十呎長，很好用，加上五顏六色的油漆或塗料，也很美觀漂亮。也可以隔不久重漆一次，換換胃口，舒服得很。這種住宅抵抗地震力頗強，但怕火燒，一燒起來便不得了。

因爲木屋容易引起火災，所以放鞭炮一事，便有很嚴格的規定。似乎只有國慶日（七月四日）在特定地點，如運動場、公園、空曠的地方，才能得到許可。而且鞭炮商也要向消防局申請，並取得燃放的技術執照。領取這種執照，又須負擔意外保險費用。如果沒有專家監督指導，一般民衆不能放鞭炮；甚至收藏鞭炮，或買賣數量超過限額，都是違法。但中國華人舊曆新年，也會通融，准放鞭炮。現在好多人把鞭炮裝在長條的鐵線籠裡燃放，可減少火災，也可免髒亂，是好辦法。八十年前，一九○六年四月，舊金山一場大地震，地動天搖，隨即大火，燒燬了許多房屋。這種恐懼，現在餘悸猶存。保險公司對木造房屋的保險費率，尤其是消防設備欠妥或不佳的，高得驚人。

瓦斯和電力都很充足，家庭中電插座，環室每隔六呎便有一處，十分便利。這點，台北的家庭也逐漸提高水準了。

㈣郵政和電話

郵政是服務事業。國內平信郵資是二十二分，約合新台幣七八元，普通約四天後可以收到。專遞信件（SPECIAL DELIVERY）郵資是二元九十五分，可以快一天，即三天可以收到，不過有時也要四天。快遞郵件（EXPRESS MAIL）郵資是十元五十分。當天可以送到機場，自然快捷得多。

國際航空信函郵資是四十四分。因為是國際性的，各國都差不多，我國是台幣十八元。台北和舊金山之間的航空信，通常是七天可達。我們國內平信郵資是台幣貳元，還不及美國的三分之一，而且投遞迅速。

郵差每日送信一次，假日和週末（星期六和星期日）不送。最好平時先瞭解截郵時間，按時趕上投郵，能早一天收信。一個人決定下星期一由舊金山坐飛機到紐約，如果在星期四寄信去紐約，可能人到了，信還在後面。

搬家更改新址，可將新址書面通知郵局，郵局會把郵件改投新址。這點，服務甚佳。短期旅行離家出外，也可以事先通知郵局，暫停投送。

美國是自由民主國家，和別的國家是會有差別的。美國有民營—私人設立的郵局叫FEDERAL EXPRESS，辦理快遞郵件，每件郵資十元五十分。它也確實做到快遞，今天下午五時前交去，明天午前常常可以收到。還有一家民營的郵遞公司叫U.P.S.（UNITED PARCEL SERVICE）只辦包裹，不收信函。費率比郵局便宜，似乎比較快速。

我不禁想到：中華郵政，天下第一。

家庭中的電話，有一種無線電話分機，只比普通電話機的手拿聽筒略爲大些。在台北也有些單位獲得使用。在美國是很普遍的。家庭中的電話鈴一響，對方要和不是接電話的人講話，可以叫在房間、客廳、便所浴室或樓上樓下的人拿起無線電話分機和對方交談。也可以一邊走到另一地點去找資料，一面和對方不斷談話。或者三四個人一起交談，像家庭小聚一般，極爲方便，但願我們能及早普遍使用。

(五)選舉

中國人在此，數目不少，素質都很優秀，尤其是他們都有勤勞節儉，努力奮鬥，忠厚待人的美德。如果說中國人團結，卻也未必，但是如果能夠團結起來，那麼力量就十分可觀。我曾和人談起，爲什麼很多人有了綠卡之後，又希望成爲美國公民？答案是有綠卡就有居留許可和工作權，可以公開正式的找工作。既然在美國謀生，日常便會感覺到有或多或少的事物或法律規定，對自己不利。「如果能夠怎樣改變就好了。」公民可以投票贊成對自己有利的法律規定，或選出對自己有利的公務員。這是人情之常，就是台北市民也會有此想法的時候。

我沒有逢到美國總統或州長大選，可是見到地方性的小選舉。情況並不熱烈，在街上有人給我宣傳品，是厚磅的色紙，六、七公分寬，三十公分長，簡單印上幾個字：

×月×日　星期×　投票　YES ON B

×月×日　星期×　投票　YES ON F

什麼是「B」，什麼是「F」？引起我的好奇心，查詢的結果，原來「F」是「F方案」，內容是頒佈兩年禁令，禁止在舊金山市區內整修或興建五層以上的辦公大樓或旅館。結果「F」方案沒有通過。利害得失，誰是誰非，我都不想去瞭解。投票率只有百分之二十五、六。因此我想到選舉一事的代表性眞實性如何？投票率只有百分之二十五、六，贊成與否決票，都可能只是百分之二十幾而已！多麼微小的比例！舊金山市區內人口比洛杉磯密集，有公共汽車、地下鐵路。在大舊金山區的鄰近幾個都市之間又還有灣區快速運輸的鐵路，交通算是不錯的。洛杉磯市區遼闊，三百萬人口，沒有快速運輸的鐵路。上班下班大家全靠幾條高速公路，自己開車。交通尖峰時間，汽車阻塞，寸步難行，因爲這些年來在選舉投票中都沒有通過建造大運量的快速運輸的鐵路。事實上投票的人佔人口數是太少了，不能顯示出眞正的需求。

㈥海灣中三島

舊金山灣中有三島。到東灣奧克蘭去的海灣大橋中間的是金銀島（TREASURE ISLAND, YERBA BUENA ISLAND）；漁人碼頭北方約一公里的是惡魔島（ALCATRAZ ISLAND）；靠近北面大陸是天使島（ANGEL ISLAND）。

金銀島和YERBA BUENA島相連。海灣大橋經過YERBA BUENA島的山洞，出得洞來，有岔路可以離開公路到島上去遊覽。兩個小島之間有長堤相連。金銀島是海軍供應站，風景優美。有海軍博物館，定期開放，供人參觀。海岸大路旁種一排熱帶植物的椰子樹，增加不少島上的風光。有警駐守。我到那裡去的時候，那位警伯和漫畫書上胖胖的形象非常相像，相貌和藹友善。問他可否和他合照相片留念？他也欣然同意。站在海堤上西望是市區如雨後春筍般林立的高樓群，和金門灣上的金門大橋。天氣晴朗時可以看到吊橋的全貌；如果雲飄得高，便只能見到橋面；如果雲層低，也許雲霧迷漫著橋面，而兩支紅橋架卻現在雲頂之上；隨時有不同的景觀，都極富嫵媚之態。北望幾十公里遠的北灣（SAN PABLOBAY）一望無際，微風吹拂，心曠神怡，遠洋船隊到舊金山灣來，多在南面東西兩岸碼頭。在島上除了看船，還有天空中衆多的鳥群，作多種姿態飛翔。海灣大橋的雄姿，一邊是吊橋，一邊是鐵架，各有不同的韻味。到金銀島來如果沒有帶照相機攝影留念，那將是一件遺憾的事，入寶山應該滿載而歸。

惡魔島的面積不大，孤立於海灣之中，四面環海的彈丸之地。幾十年前是專門囚禁惡徒魔鬼的監獄之地，因而得名，以後監獄遷走，改爲觀光地區。漁人碼頭有定期班船載客前來遊覽。當我站在金門大橋上，東望這海灣中的小島，離岸不過千餘公尺罷了，靠海水爲範圍以作監獄？我頗懷疑！想當年時常游水，這點距離的水程應該難不倒人的。不過他們說，如果海水平平靜靜，是關禁不了人的，隨時都會有人游水逃走。事實上也確有人投水潛逃。不過這裡的海水流得太速，方向不定，有時還在島周徊流，漩渦連連，多人跳下水去後，覺得不對又急急爬上岸來。過去的紀錄，只有三個人下海失蹤。據判斷他們沒有到達距離不遠的對岸，而是葬身海底。以後我坐船前去也覺得那海水眞是既險且惡，以海流而言，也足當「惡魔」之名了。

天使島最大，差不多有一平方公里之寬闊，在淺海之中。島上有小山，風光明媚，水波不興，是人間樂土，人稱爲天使島（我以爲也可稱爲和平島）。現建設成加州州立公園。東南角有燈塔，指引金門橋下進港往北去的船隻。西南約兩公里便是度假聖地的 SAUSALITO 鎭。這裡寧靜、陽光普照，是高收入的人居住的好地方。

㈦奧克蘭和柏克萊

奧克蘭（OAKLAND）也叫東灣，是三四十萬人口的都市，和舊金山隔灣相對。當我還在台灣時便注意到這都市。因爲奧克蘭有一個國際飛機場，輔助舊金山機場之不足。台北去的飛機有的在舊金山機場，有的卻在奧克蘭機場降落。

到美國後不久，時常在華文報紙上看到「屋崙」的新聞。似乎這「屋崙」還是不算小的地方。詢問友人，他要我用廣東白話念這兩個字！我知道，就是奧克蘭。這就是美國！這地名是西班牙發音用英文寫出；廣東華僑老鄉親把這英文地名用廣東話發音用中國字寫出來。轉轉折折便有「屋崙」這地名。而用中國國語的人把它寫成「奧克蘭」，妙得很，有意思得很。

奧克蘭在東灣，是工業都市，美國太平洋第二大海港碼頭。五十年前還沒有海灣大橋，人們都只在舊金山發展。其實舊金山是山，市區之內高高低低起伏不平；奧克蘭和柏克萊便平坦多了。所以居家的大件用具，如傢俱，冰箱、爐灶，很多人都跑到東灣來選購。

美國商場有其可愛之處。規模大，樣品多，各種貨色，各種規格。而且新貨舊貨都有。我看過有些舊貨，其實很新，他們必定標明這件貨有若干瑕疵，在缺失之處用色筆圈出，毫不掩飾。標明原價若干，現價若干，讓購買者事先瞭解，心甘情願，一分錢一分貨，沒有上當的感覺。這些舊貨，有的是顏色略有參差，有的是某部份略有擦損，並不影響效能。該算是價廉了。

說到貨價，美國似乎有一種習慣，如貨價是四百元，他會說只三百九十九元；一元五十分的，他說成一元四十九分；每加崙汽油一元十二分又十分之九，偏偏不說一元十三分。就差這麼一點點。有些包裝盒上印著價錢若干，但又印上再打幾折是多少錢！他就不把打好折扣後的價錢直捷了當的印上去。這就算是廉價了，就是推銷術嗎？很多貨物都標價，標價之後，就很少講價了。

台北商場也逐漸使用收銀機，但沒有美國普遍。美國連小什貨店也都使用。收銀機上打出來的收據（我們叫發票，可以對獎）逐項載明貨價若干，外加稅百分之六點五，稅比我們重。但大家一樣，毫無例外。即使買些信封信紙，也必有稅，成了習慣，以為當然。有些收據最後一行，還加上「謝謝你」三個字。這些收銀機打出收據，在機內留有副本。每月一次，收銀機會自動結賬，計算出營業總額，替政府收了多少稅金。報繳到政府去，不會偷漏。

貨物既都標價，購買者就會貨比三家不吃虧。這在中國很多人正中下懷，增添了好多行街逛百貨公司的情趣，我卻不勝其煩。不過有一回，我買十二個信封，價八十九分。賬都結了，但一想，多買些省得時常買。於是買一盒三十六個，價一元二十九分。我當然不要十二個的了。店老闆也連說，買三十六個的比較合算。這就是標價的好處。這麼一來，我不單貨比三家，就是同一家還要貨比三處呢！

加州也有獎券，每張一元，比我們的火車票大些，長些，薄些。表面上有一層藍顏色的「腊」，用硬幣把這層腊括去，有六個數字，如2.00，5.00，10.00，100，500，1000，5000，10000，50000等。如有三個相同的數字，便中獎了。超級市場和什貨店都有出售。似乎我有中小獎的運氣，有一次去市場，結賬時那位黑人小姐叫我們三人買三張獎券，碰碰運氣。結果，我這張中了兩元。一般的說來，十元以下的獎，他們商店就可以兌獎。我把中獎的給她，換了兩張獎券。這兩張又中了兩元；再換兩張，結果又中了五元。一時之間連中三元，連那黑人小姐也裂開雪白的牙齒哈哈大笑，我們也增加笑談的資料。如果中大獎，商店不能兌獎。如果中的是壹百元的獎，可以到加州省會沙加孟都去，參加電視上的開獎，獎額高的是美金兩百萬元。一夜之間成爲富翁。

柏克萊市（BERKELEY）在奧克蘭市北，是相連在一起，像永和中和一般，普通人也不知道在那裡分界。柏克萊有世界聞名的加州大學柏克萊分校，不少華人青年在此深造。在山坡上一幢白色三十多公尺高鐘樓，雄視東灣各地，按時鳴鐘，成爲柏克萊大學的標識，很遠都看得見。這名大學的建築物多由富豪捐款建造，並以捐款者爲名。至於什麼研究所、什麼學院，反而少人注意。校內樹木扶疎、鳥語花香，環境清幽，是培養思想，研究學問的好地方。在鐘樓側旁的小公園和大道兩邊，青年男女三三五五，席地而坐，或抱著書本勤讀，或仰望天空苦思，專心一志，與世無爭，可能就是解決了一道難題。學生活動中心附近可以看到幾個中文的海報。據說二十幾年前，「嬉痞」就在此地發展出來。可能是他們初期覺得世界太汙濁太骯髒，而主張回歸自然，並且著手實行，有點像我國歷史上的名士派隱居竹林、終南，與世隔離，這是有哲學理論基礎的運動。可是發展到世界各地未免變質。我有一位長輩的孩子，聰明用功，在美國成家立業，一時孝心，接父母來美散散心，看看花花世界。在飛機場出口處站著等候，他留著鬢和鬍，耳上有環，頭髮兩尺多長，打成辮子拖在後面，衣衫襤褸，沒有襪子，穿著拖鞋。做母親見到兒子這副德性，未免說道：「阿連，我以爲你在美國十年，拿了博士，多好多好，原來⋯⋯」話還沒有說完，他掉頭拔腿就走，做老爸的急忙追上去說：「你這麼一走，我們怎麼辦呢！」這是笑劇。現在奧克蘭至海灣大橋這段海堤還有當年嬉痞居留的遺跡。

海灣大橋收費有一規定，下午五點下班時節，過橋的汽車如果坐了三人以上，免收過橋費，鼓勵大家多坐幾人，少開幾輛車，可節約能源，減少交通擁擠，立意良佳。

美國的萬聖節

▲冷天裡的楓紅

十月三十一日是美國的節日，鬼節，或叫萬聖節，也叫做萬盛節。

那天黃昏，我們在聖荷西街上散步時，經過一家房屋，忽見衝出一個身穿黑袍，黑色高帽，長的黑眉、長黑鬍子，黑藍紅相混塗得滿臉，血紅長舌頭拖在胸前，不知是人是鬼，猙獰、恐怖，把我嚇了一跳。朋友解釋說，這是美國的鬼節到了。

這個不放假的民俗節慶，據說原是愛爾蘭人在這節日由牧師主持些頗爲怪異的儀式，祭拜太陽和死神，因爲他們相信鬼魂會在這天重返人間，所以他們在曠野中燃燒龐大的營火，嚇走鬼魂，這天就是鬼節。

愛爾蘭民間故事說，有一個小氣又吝嗇叫傑克的小孩，因爲他生前一毛不拔，死後被拒在天堂之外；又因他調皮搗蛋，到處惡作劇，連魔鬼也怕他，也下不了地獄，只得提著燈籠在人間徘徊。因爲這故事，於是很多小朋友在鬼節裏也學傑克提著燈籠。

相傳有一種女巫，是會使巫術，巫咒、會替人算命的老女人，常戴黑帽，穿黑袍，騎著掃帚飛來飛去。女巫在鬼節這天舉行大規模的慶典，瘋狂的唱歌跳舞。所以現在鬼節活動裡又有了女巫。

基督教將十一月一日稱爲萬聖節（ALL HALLOWS DAY）。這日的前一晚上，即十月三十一日晚稱爲萬聖之夜（ALL HALLOWS E'EN），演變下來，因爲狂歡活動多在萬聖夜，故萬聖節也提前到十月三十一日了！原本是萬「聖」的，可是後來種種風俗的表現，實在無法「聖」起來，華人見它眞是盛極一時，盛、聖同音，於是很多人又叫做萬盛節。

幾天之前，我見到有人在窗口掛著一個四五尺高人形，又在一家大門上掛著一個吊死鬼，看得心裡發毛。

商店的橱窗裡陳列著大大小小的黃色成熟的南瓜，也有把瓜肉瓜子挖好的人頭似的南瓜燈，各式各種的面具、罩袍、魔鬼、骷髏，吊死鬼、巫婆等妖魔鬼怪的事事物物，鬼節的氣息，越來越濃。

他們把成熟的南瓜，把瓜肉瓜子挖出來做南瓜餅，把瓜子炒熟炒酥來吃。在挖薄的瓜皮上開兩個銅鈴大眼，三角形的鼻孔，上下交錯的牙齒，夜晚放在大門口，左右兩邊，都裝上電燈，薄瓜皮透出黃光，眼鼻目則強光直射。十分像有人被出草了，砍下了

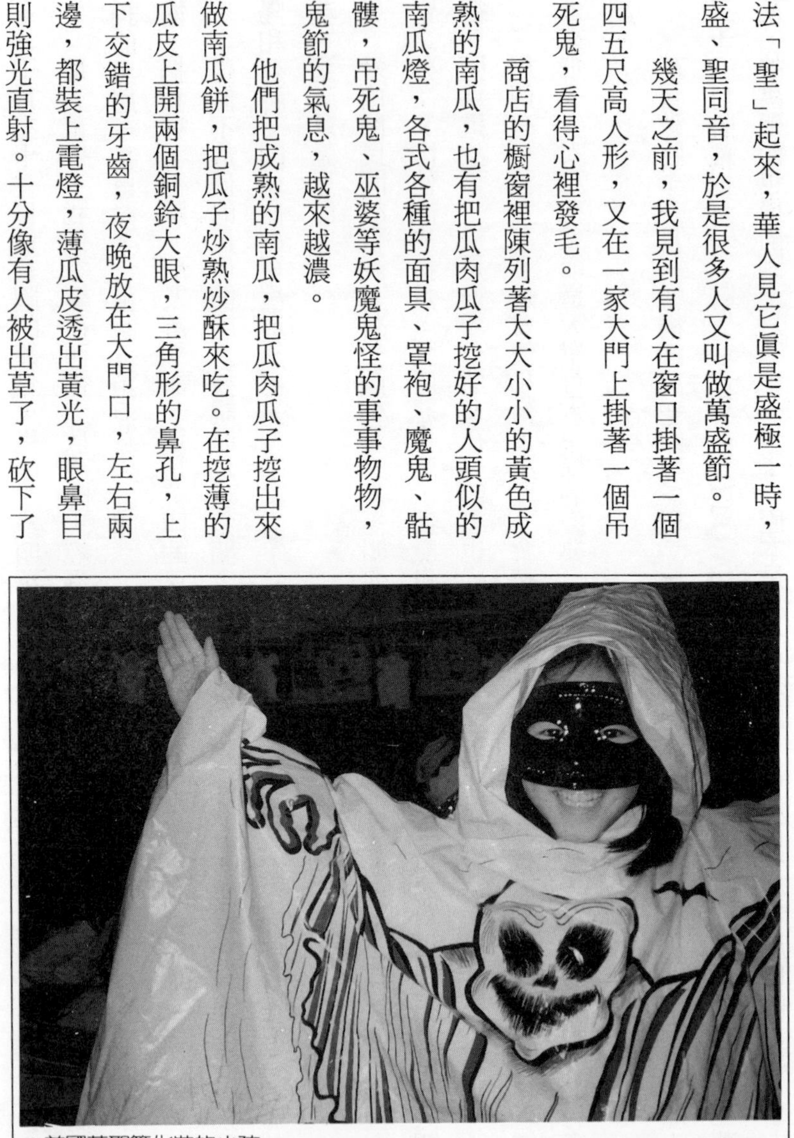

▲美國萬聖節化裝的小孩

頭似的，看得人全身都起雞皮疙瘩。

很多美國人的住宅客廳窗前有吊死鬼，裝飾了骷髏、魔鬼、南瓜燈等應景飾物。一家大院子，大門口是兩顆人頭的南瓜燈，東面草地面立著黑體白骨的骷髏，西邊樹上有吊死鬼，屋簷下有巫婆，振翅要飛的姿態。好在他們經常吃大塊的牛排，每天把牛奶當開水喝，心臟特別強，不會擔驚受怕。我雖事先知道，心裡也有準備，還是受不了。

孩子們在前幾天就準備好了化裝道袍。鬼節那天早上家長們送孩子們上學去。一到學校，孩子們迫不及待的換衣服，把魔鬼裝穿戴起來，個個都別出心裁，化裝成魔鬼、骷髏、野狼、白兎，也有各種面具，有的很可愛，有的很恐怖，奇形怪狀。校長、老師們出來照顧小朋友，也是經過盛大化粧了

▲萬聖節化裝小孩的行列

的，尖紙帽、巫婆帽、紅頭髮、青面獠牙、戴紙箱等等，不一而足，十分好玩。

先是小朋友到各班教室巡行，再到廣場漫步一周、遊玩、照像。如不經特別注意尋找，那個是自己的孩子也認不出來。回到教室，家長們都携帶有大包小包的準備好的食品、飲料、堆得滿桌，家長也都同享，老師和小朋友們講故事、唱歌、跳舞、遊戲。

晚上，我們提早晚餐，只聽到門鈴聲響，門外叫著嚷著，是鄰居的孩子，化裝成小妖魔、女巫、小精靈，那樣子既天眞又好笑，前來要糖。主人們都樂得大把的給糖，還準備了道林紙或電腦紙、彩色筆給他們畫，玩了一回，又商量大家一齊到誰家要糖畫圖去。門外不遠站著媽媽或大姊姊們，她們都是化裝，滿臉塗得紅青黑白的怪模樣，遠遠的打招呼，連說：謝謝！晚安！GOOD HALLOWEEN 等。她們不開口還不知道她們是誰呢！這時我才注意到每個孩子都拿一個裝糖的袋子。於是我們也趕快把孩子裝扮起來，到鄰家去要糖。家家都熱誠的招待、給糖、爆玉米花，也有給梳子皮球等孩子喜歡的東西。臨別之時，還拉開窗簾招手、打招呼、吹口哨。平日彼此都忙著的鄰居，因這個節日的機會，東家西家的走動，也覺得很友善與親熱。所以一聽到叫門，孩子們都會叫出是那個孩子來了，十分熱絡與歡迎。因爲主人家給的糖果太多，我們還沒有跑幾家，紙袋便裝滿了，只得回家去另換一個紙袋來。看到家家都是南瓜燈，又有花，阿公阿婆都滿面春風，喜氣洋洋的祝賀萬聖節快樂，更增加孩子們的樂趣。

有一主人家因爲有事無法在家等候貴賓來臨，電燈還是通明，大門口放了一大桶糖果，貼了紙條，請親愛的小精靈們自己取糖，不必客氣，要多少便取多少。並祝賀萬聖節快樂。人情味十分濃郁。

最後，我們走到一家，已按了門鈴，却因爲孩子內急，得趕快回家，只得掉頭就走，主人家還開門趕出來招呼送糖呢！

這晚小孩子們玩樂，即使平日多嚴肅的大人也不免俗，化裝外出陪著孩子應景。不過也有不友善的惡主人，竟在糖裡放藥、玻璃碎片，或刀片等類。使孩子們中毒或受傷。所以不是親朋好友也不敢隨便向人要糖，畢竟社會是多元化的。

孩子們的活動多在晚上八點結束，要洗澡睡覺了，因爲明天還要早起上學。大人的萬聖節化裝遊行是集中在市鬧區馬結街靠山那端，卡斯楚路（CASTRO STREET）和惱伊路（NOE STREET）那地區。這兩條路住的多數是高收入的人士，如醫生、律師、建築師等。也是舊金山有名的同性戀區。他們在街路上成雙結隊的，甚至公開爭取同性戀者的社會福利，也頗得社會的同情。萬聖節被人稱爲鬼節在化裝及佈置上可以看出來，大人們的化裝眞是千奇百怪，以醜爲怪，是化裝的目的。晚上八點過後，這平時少見行人的地區，已是萬人空巷，擠得寸步難移了。化裝的千百人中，似乎可以歸爲三類。一是鬼魔；一是怪異；一是性的公開。鬼魔是化裝成鬼魔、蜘蛛網、惡鬼、巫婆、吊死鬼、南瓜人頭等。（我想中國人是講求吉祥、如意、幸福、康樂的、客廳或大門上無論如何都不會掛上一個吊死鬼的吧！）怪異類的化裝不是妖魔鬼怪，而是奇形怪狀。如非洲的天使，背上長出六七尺長的翅膀，有冲天飛翔之意。有全身用紙盒包裝起來，頭上身上掛著海綿做的大薯條，也等於替薯條公司做活廣告。有化裝成食桌，卓上有刀叉杯盤，頭上掛著大串大串的水果。有全身弄得金光閃閃，或裝發亮的燈泡、還有在頭上頂著一大堆塑膠蛇，搖搖擺擺等等。性的公開是男扮女裝的大人妖、大胸、肥臀、風華絕代，隨處拋送媚眼。有中年婦女，不穿內衣，只穿緊身的魚網，展示眞材實料的大乳。有女士不穿內衣，外披大衣，卻時常敞開大衣，把上身裸露大公開。更有把性器官套在臉上，充當大鼻子。雖然氣溫只有攝氏八度，且寒風習習，可是熱情的人，卻只穿胸罩和一點點的三角褲，簡單的只把必要的部份，略微遮住一些。這些都是民俗，所謂民俗，就會各有不同，實在不足爲怪。假如說，在台北市成都路一帶西門鬧區裡，當華燈初上時，在街路來了這麼些男男女女耍活寶，眞會使警察先生們傷透腦筋呢！

留學生和學校

▲史丹佛大學的鐘樓

▲史丹佛大學校園

美國的學術研究是很有成就的。據說一九八五年時世界各國到美國去的留學生，男生二十四萬餘，女生十餘萬。中華民國的留學生二萬三千餘，每年約增加五％（中國大陸的留學生一萬四千幾，但增加迅速，達三十八％強）。他們學工程的最多，其他熱門學科是商業、管理、數學和社會科學。

▲史丹佛大學的教堂

舊金山地區的史丹佛大學、柏克萊大學和舊金山加州大學在全世界名大學中都是排名在前的，很多諾貝爾獎得主都在這些學校中。州立舊金山大學和聖他克拉拉大學都很有名。

史丹佛大學在舊金山市南，聖荷西北，校區遼濶，建築宏偉。很多中國學者出身此校。校園中胡佛圖書館的高塔是學校的指標，很遠都看得見。各棟建築物都有特色，都很古典。美國大學

▲史丹佛大學教室前的走廊

是公立的少，私人捐獻建校的多。新生入校，例由高年級的學生引導，介紹學校，在校園作一番巡禮，逐項介紹，把過去的典故，一一爲新鮮人說明，代代相傳下去，成爲風氣。校園樹林青翠，草地修剪得如高爾夫球場。我還看著一個小姐帶頭，領導四五十人打太極拳，舉手投足都中規中矩。這裡離開市街較遠，寧靜、淸幽，是讀書研究思考的好環境。

加州大學柏克萊分校在東灣柏克萊市，我國科學家得諾貝爾獎的李遠哲博士在回國任中央研究院院長之前便在此任敎。長方形的校區比史丹佛大學小，和市街相連，但不混雜。進入校門，側面是綜合運動場，標準的塑膠跑道，萬人看台，規模設備都不錯。山坡上的白色鐘樓，是學校的標誌，很遠就看得見，全柏克萊市區內，每當夜闌人靜，都可以聽到這鐘樓準時播出的雄沉鐘聲，傳入人們的耳朵。

校園內的樹木很有公園的樣子，空氣好、陽光更好，灑在人們身上，暖洋洋的。學生來自世界各地。華人，台灣來的，學生、敎授都很多。他們除在敎室研究室之外，到處可見，坐在草地上、台階上、靠着樹、靠着牆，或抬頭看天、或低頭看書，或念念有詞，或相對喁喁細語。由這個環境裡培養出特立傑出之人才，服務人群，是十分令人相信的。

學生活動中心前的路旁，橫的直的海報中，有用中文的如「加大中國同學會」、「中國同學服務中心」、「萃華社」等，不論他們的組織背景，用中文做海報，當是華人無誤。

學生活動中心附近是名傳世界的嬉痞（HIPPIE）的發源地。據說在一九六〇年代中期，在這優美的學術空氣裡，培育出一群反傳統，反虛飾，求汎愛，求回歸自然的知識青年。他們是會使人們認知和同情的。只是他們的行動表現，走進了牛角尖，和現代科技一般，走到尖端極處，越走越和普通人脫節。他們男的女的，在衣着上、行動上、表現上，很多令凡夫俗子不敢領教。似乎一提到嬉痞之名，便覺得他們劣跡昭彰，不能贊同。妙的是他們把中國唐代佛教禪宗的高僧寒山和拾得奉爲前輩。

中國佛教界流傳着「寒山是文殊菩薩，拾得是普賢菩薩」，爲中國宗教神話添了一幅很美的想像。他們俗名不詳，生卒年代也不確，約在初唐白居易之前。寒山好吟詩偈，狀類瘋狂。拾得是孤兒，被寺僧豐干所拾而養之，而名拾得。和寒山交遊，詩偈附「寒山集」中。他們的詩在中國文學史中有地位。以偈子形式表達虔誠的佛道。將佛家思想和我們人世間的凡情溝通，教我們認識佛家境界，瞭解到人世的無奈、辛酸和傷感。哲學意境很高，感性極濃，極其清純，對生活平淡無慾。別具一格，與人不同。一千多年後，沒有想到嬉痞們會這麼捧場，我們中國人也不好意思否認。

嬉痞全盛時期似乎世界各地都有或多或少的存在，尤其是一般青年，飯吃得太飽，肉吃得太膩，衣服穿得太暖的時候，就拿憂愁呀！苦惱呀！來和自己過不去，這似乎是古今通病。嬉痞發展下去，就摒棄錢財和權勢，由消極的、自己的，挺進爲積極的、對外的，更進而爲瘋狂的，這樣就走向沒落之途。

現在柏克萊大學校園內已看不到蓬頭垢面衣著髒亂的青年了。街頭雖偶然還可看到反戰的標

語，但已沒有當年的投降狂熱，也不會不服兵役或把國旗改爲內褲。物極必反，現在不會看不起美金，也覺得肚子要吃飽，並且要吃得精巧；與其穿得破敗，不如穿得溫暖。再進一步講究穿著整齊，愛國愛民的珍惜自己的青春和生命，要立志創造一番事業，因爲他們是鼎鼎大名的學府，是領導社會思潮的，於是傳播界給他們一個名字叫做「優痞」（yuppie）。這個社會隨衆過日

▲柏克來大學的白色鐘樓

子的人最容易滿足，而特立獨行標新立異的人便會被社會注意，如果被傳播界選中，引為題材，那就熱鬧了。

柏克萊大學的校園像公園一般，松鼠在地上跳躍；鳥群到處飛翔，人們看著它；它也看著人們，彼此都在欣賞，是研究學術的好環境，沉思慎問的好地方。

舊金山加州大學（UNIVERSITY OF CALIFORNIA, SAN FRANCISCO）是加州公立的，在日落區第三街和猶打路（JUDAH ST.）交口那座山麓。研究重於教學，醫學中心等非常有名，我國名醫多人出自該校，有醫院也設護士學校。名教授們除帶領博士碩士們研究之外，也在醫院看病，活人濟世。

我國著名的科學家研究荷爾蒙成果獨步全球的李卓皓先生的研究院便在此。他的研究院多是博士、超博士的人物，研究著尖端科技，他雖然沒有得到諾貝爾獎，卻在諾貝爾獎的邊緣打轉。他的大名和成就在學術界仍然是響叮噹的，在學校中更是有權有力的人物。一直到前幾年，他七十多歲了，才把研究院的主任職務交給後輩，他仍然是名教授，他研究的成果得到學術界的肯定、國家社會的贊賞、學校的認同。國家撥經費和計畫給他做研究，社會上工商業界會提出問題和金錢請他研究。他對研究計畫，考慮研究步驟、設備和人才、計算實際需要的費用，把這費用的相同金額，付給學校。學校提供研究的空間，如研究大樓，和事務性及行政上的協助。算來學校是名利雙收，也是樂得的。國家社會提供的總費用仍然是數目不多，但利益更大。計畫成立了，李先生便招收人才，超博士研究員、博士碩士研究生多少人，研究完畢，成績優異，結論正是國家社會所需要知道的。成果報告的論文上有研究人員的名字，也就是他們的博士碩士論文，他們得到學位把論文送到社會上去求職，非常吃香，且常有意外的收獲。

我國在國外的學人留學生衆多，頂尖的研究，也都卓有成就。我曾建議把論文務必寄回國內：㈠中央研究院、㈡中央圖書館、㈢他們當年就讀的大學。什麼叫做回饋？我以爲這算得是一種回饋。想當年四兒寫碩士論文的時候，在政治大學圖書館中發現了大兒的碩士論文，覺得興奮極了，十分親切。這些論文就是學術研究的結晶，平常說不定有多少人去參閱，但如果有行家去翻一翻，說不定就有用處和收獲。

州立舊金山大學（SAN FRANCISCO STATE UNIVERSITY）在市區的西南方，東面臨街，交通方便；西面是八平方公里寬濶的美西湖公園（LAKE MERCED），環境淸幽，設備完善的大學，是加州州立的，未設研究所。因爲美國學生入學不是採用聯考，而用申請審查入學，學生兩萬八千餘人，各種膚色的都有。有的時候，晚上八九點鐘，教室裡仍然燈光通明，還有人上課，那可不是夜間部，只是把課排到晚上而已！學校中的藝術系，極負盛名，系主任原是洛杉磯好萊塢的名導演。成功的導過很多電影，世界各地的演藝人員很多來此深造。台灣香港的明星們來此研習的也不少，林青霞是其中之一。這系時常有戲劇演出，表演的演員也多是早就有了名氣的角色，所以演出的成績輝煌，十分叫座。

華人的學者專家在此任教也多。他們得了高級學位，在事業機構任職，得到實際經驗，教起書來便頭頭是道，左右逢源，反而覺得沒有經過聯考而入學的學生程度，水準不夠整齊，不夠理想。一班不到四十人，改起作業來還不太麻煩。教書生活，上課時間雖不長，看期刊、參考書，編寫講義，出每班不同的考試題目，卻很花時間。而且要有研究。所謂名教授是有夠分量的學術論文，或是能夠得到委託研究的合同，得到學術界和社會的肯定。他們的講義不是編了一本之後，每年都照本宣科，而多是每學期都隨學術界的進步，而有或多或少的修正補充，或整章整節重寫，以新的面貌，永遠是最新的姿態出現。他們的待遇使他們不會每天都窮於奔走應付，處處兼課兼職。這點和台灣的教授們略有不同。在台灣我曾勸告在大學教書的好友，少在南部北部的奔走，多做自己喜歡的學科方面的研究，錢是賺不完的；學問也是研究不完的；錢賺來了會用掉；學問研究有所得，卻永遠存在，永遠是自己的，才有眞實的價值。

人多了，在自由的環境裡，便有各種不同的論調，左邊的、左邊偏中的，各式各樣都公開活動，報紙雜誌和滿天飛的印刷品就可以看到。那年奧林匹克運動大會在洛杉磯舉行時，大陸代表團的翻譯便是此校的教授。

由舊金山向南行，還不到聖荷西的地方，有一間大學叫 UNIVERSITY OF SANTA CLARA，有如在風景區裡一般，華人在此深造修高級學位的很多。

舊金山的中學很多，每天早晨常見一群群男女學生拿著一塊「停」（STOP）的牌子，橫過街路。頭髮衣著都很自由，也頗樸素，還見不到爭奇鬥豔的現象。個個都活活潑潑，身高體壯。有一天室外氣溫是攝氏四度，有一百多個學生，在老師的領導之下，穿著單薄的短袖汗衫和短褲做體操，精神抖擻，可是我卻穿著棉襖。

在山坡上的一間小學，三面臨街，差不多佔了整整大半區（BLOCK）的土地。在傾斜的坡地上，學校分爲三個平台，最上面的平台建樓房，廣場的面積有房屋的五六倍大，地上畫著各式各種孩子們玩的圖案，如跳房子之類的框框格格，圓的方的。中間平台是幼稚班和托兒所的教室。室外是廣濶的遊戲場，有各種滑梯和平梯等，給孩子們爬上爬下，地面上舖軟木屑。孩子們在教室裡玩夠了，便到廣場來玩，氣溫雖不高，但孩子們的玩興，似乎和氣溫無關。下面的平台是運動場，有兩個籃球場，中高年級的學生多在此活動。

學生人種很雜，依膚色分則黑白黃紅都有，有些雜種的混血兒美麗漂亮，可愛得很。學校的公車載來的多數是黑人子弟，是住家離開學校較遠些的。因爲政府規定，學校中各色人種的人數要有一定的比例。黑人膚色之黑，深淺程度差別也很大。有些人的頭髮天生就是短短的卷曲的，也有花好大功夫把頭髮編成幾十條小辮子，她們一定覺得很好看。

學生每天八點半以前到校，每人都背一個背包，幼稚班的孩子背包裡是自己做的手工、圖畫和小玩具，成爲習慣。八點四十分列隊進入大樓教室。大樓裡有可容納百餘人的餐廳，也出售點心和飲料。

據說這學校四五年前因爲學生人數不足面臨關門的命運，現在又有三四百學生了。因爲各地移民的孩子多，所以有「雙語學校」，以英語爲主，另一語爲華語、西班牙語、日語等。華語又分國語（即普通話）和廣東語。其實廣東有四種不同的方言。廣州附近的是廣府話，即一般人叫廣東話，香港人大都說廣東話。東江的客家話，（客家原自中原黃河流域，全國各省或多或少都有客家人，而以東江各縣最爲集中。）潮安汕頭一帶的是潮州話，和閩南語大同小異。雷州半島的是下四府話。

我原以爲華語班只是華人子弟而已，出乎意外，別的孩子比華人還多，而且各色人種全有。聘請老師的條件很嚴，待遇也不錯。這位老師自香港來。廣東話老師叫「先生」，教室叫「班房」，他們講很純的廣東話，唱廣東的兒歌。在「班房」外牆上有一張公告說：「歡迎到華語班來。如果你要用英語和我交談，請叫我到教室外面，或等待下課之後。謝謝！」孩子們在班房裡自然整天是說、唱、遊戲都用廣東話。這麼一來，半年之後，孩子們的廣東話就有基礎了。有趣的是有一次有一位由香港去的只會講廣東話的林媽媽，結果是由雙語班的小孩來充當翻譯。

不久前他們還辦了一個華語班的電影晚會。票價普通是二元，這晚會票價是七元，有二百多人參加，學校有幾百元收入，充作基金。因爲現在華語班是兩班，以後每年增加兩班，恐怕這學校不能容納，準備日後另外成立一間廣東話的雙語學校。看到這麼多的外國學生、外國家長如此熱心，眞使人感動。祝福他們工作順利，早日成功。

托兒所的教室裡，老師帶著孩子們坐在地毯上玩紙牌、玩黏土、做紙玩具、畫圖，或彈鋼琴唱歌跳舞。一個小孩在一張紙上用黑色的筆畫梅花樹幹樹枝，用白色的淡紅色的小紙頭，貼在枝幹上，疎疎密密的，遠處望去，眞像一幅春梅圖呢！每當黃昏的夕陽照在遊戲場上的孩子群中，總可見到一「先生」，靠牆坐著，在那裡照顧孩子，笑容可掬。和她聊起來，知道她是學生，來此賺鐘點費的，她自己也許一面在背書呢！

孩子們是按時打預防針的。一家兒童醫院裡面，居然有一間四分之一籃球場大的兒童遊戲場。地毯上有小木馬之類的玩具、有兒童書報雜誌、畫圖的紙筆，小孩自由的玩，自由的看，有些孩子打過針後，還賴着不肯走呢！接待我們的是一位人高馬大八十公斤級的大胸脯的女士，上嘴唇留着黑黑的鬍鬚，修剪得很神氣。我是第一次見到留鬚的女士。可是洽談之下，卻精細而且親切有加的很有女人味的人，照顧孩子也有一套。孩子們怕打針，只見她拿了一枝小筆，在孩子的小手上畫一隻小白兎，讓孩子覺得很好玩，然後又在小白兎嘴巴的位置上點着針頭，說要在那裡有所動作，可能像蚊子咬一般。孩子還沒有體會過來時，她的針已經下去了，一下子就完畢，孩子們還意猶未盡，要她再來一針。

這裡有一華人文化中心，是聯絡留美學生的。經常辦各種活動，如桌球、網球、籃球比賽等。國內出版的報紙雜誌都有，國內也時常寄些學校教科書給華人子弟閱讀。無意之間還看到兩篇「鍾鍾」的散文，很開心，也很意外。久不執筆，卻在國外看到自己的作品，使我覺得以後作文，得更爲努力，更加認眞。該查字典該查資料時應當查清楚之後再寫，不能偷懶，才對得起讀者。高興之餘，興起無限的使命感，這是以前沒有的。

▲舊金山的中文學校

文化中心的工作人員，時常在人們下班或是休閒假日工作。因爲是服務性質，所以很辛勞，也很使人佩服。他們辦了一個「中文學校」，星期六上午一般學校不上課時，中文學校利用這上午九點到十一點的兩小時，爲華人子弟補習中文。在海外，這種工作十分有需要，十分有意義。在一間教堂裡，集合了幾十個各年級的孩子，補習中文。可惜我的國語不準確，注音符號也不行，否則我是樂於做這個播種工作的。他們家長們也很熱心，安排誰的汽車經過什麼地方，可以順路接送那個孩子，或是誰的車合適，先送那幾個孩子回家，再回頭來接自己的孩子，妥善安排，使想來中文學校的孩子們都能前來。

留學生來到國外，多數全靠一身勇氣和求上進深造的熱誠。（雖然近年來也有暴發戶腰纏萬貫前來留學。眞實留學者有之，也有留而不學，或是遊而學之，但畢竟爲數不多。）功課方面首先是語言問題。二三十年前留學生是通過英語口試的。口試，面對面的海濶天空無所不談，容易試出語言程度，無法取巧。以後改爲「托福」筆試，聰明的人立刻開班給人補習，蒐集「考古題」，供人投機取巧，這種補習對通過考試有其實用功效，但對英語的能力則幫助甚微。有些人來到美國之後，英文程度實在不行，只得重修英文。花費時間實在可惜，所用精力多，對求學位的課業又無用處。這些功夫原應在國內習修完畢的，現在來到美國被逼再修英文其苦不堪，自不待言。那些教授不論大牌小牌，講課的時候，絕不顧慮到學生聽講的能力，而盡力表現他的學問，至於南腔北調和在國內時學到的標準英語也有距離，便只有在肚裡叫苦。教授除了講課之外，還時常要問，要學生口頭作答，有些人要面對面用英語口頭報告，就覺得完蛋，臉也紅了，心跳加快。學習語言開不了口，眞是致命傷。如果由初中讀英文開始，就一句一句的高聲朗誦，和小學生讀國語一般要背誦和默寫，那就會很自然的開口對答了。一位讀書不成改營商的老鄉說，和美國人來往，談生意，是生意經，該誠實時得十分誠實。在生意之外的聯絡時，爲使談話生動而半眞半假便是吹牛，是談生意時的「過門」，好比電視節目裡的廣告時間，不是完全沒有用的。況且生意不成人情在，談「人情」也有人情上的用語。生意差不多時要有能耐和人議價，談條件，訂合約，這些都是要留心體察，隨時學習。我覺他這套話是有相當深度的。在校學生恐怕不容易達到這麼高段。

中國學生的英文寫作，一般來說，起碼要求寫出來的文字能表達意思。也許在國內時練習不足夠，要求寫得通順流暢或有困難。至於達到典雅則非確實下夠功夫不可，剛由國內出來，一時之間達到典雅的程度的恐怕不多。

一位朋友只有半額獎學金，家裡也不是富豪，來到美國之後，新的環境、新的事物、新的牛角尖，生活方面的煎熬，事必躬親，物必較量，自己心裡有數，一粥一飯當思來處不易，簡直要把一塊錢當兩塊用。日常除必要付的房租和吃飽之外，能夠不用的就省了起來。只管埋頭把書讀好，把工作做好。至於課外的交際應酬活動，不花錢且少花時間的還可以考慮；要用錢的，那就免了。並不是說他不想跳舞、郊遊，而是要看緊錢包，也希望每科都能得到「A」。至於研究所裡面人事、派系等等，他便無法去理會得，恰巧他竟逢上狹心而且狠心的老闆，對他不好，只讀一年，說是給他一個碩士，叫他走路。這個空頭碩士是沒有用的，很多課都沒有修到。其實是走頭無路，連半額的獎學金也沒有了。正在徬徨苦惱的時候，他的好友對另一教授談老闆欺人的事，請這位教授幫忙。這教授是好人，他說某人的功課很好，他有很深刻的印象，如果他願意，可以到他的研究室去做助理的工作，年薪多少錢。這樣才絕處逢生，暫時把學業放下，做研究助理再說，解決了這個難關，也可以得些經驗。一年之後他又再攻碩士，現在博士也得到了。他說，想當初，來到美國，先是語言的問題，再則國內的課程和國外的銜接，也不是完全沒有困難。美國學生想讀書的才會到研究所來，大家都希望成績好，得到「A」，競爭十分激烈。況且拿了獎學金便要做做事，中午時，總是一手工作，一手拿麵包和自來水果腹。做試驗到晚上十一、二點是常事。美國不比台灣，夜深了，街路上已經無人行走，或許見到的也是自己會心懷恐懼的人。如果是職員的話，可以打電話到學校警衛室去，請求派車送回家。學校會有這項服務，警衛會派車，而且也規定，到家時司機要看著下車安全進了宿舍大門之後，任務才算完畢。有做電腦程式的，在晚上，一次又一次的修正，等到心滿意足完成工作，走出大門時，發覺天已大亮，也有人上學校來了。這種情形也不是只三次五次而已！這樣日以繼夜的奮鬥，在留學生中是很普遍的。當他受人欺侮、困苦的時候，為了怕家人為他擔心，又不敢告訴家裡。得了一年獎學金時又擔心下年的獎學金是否繼續？也可能遇到功課偶然出了困難，考到一個「C」，也是令人難過的事。總求身體健康，要能支持得下來。

在美國舊金山男人理髮價錢是八元美金，洗頭、加三元五角，修面、再加三元五角，合起來便是十五元美金。因此，很多留學生便自備電剪，每一兩個月，兩人互相修剪一番，省卻這筆剪髮的費用。

我覺得國人的衣飾實在算得豪奢，美國的一般人的穿著卻頗爲簡單、隨便。這點給留學生很大的方便。不必計較穿什麼搭配什麼，不求式樣、顏色、質料，只求穿得暖和舒適。留學生出國前男生都做兩套西裝，女生則有兩件旗袍或鳳仙裝之類。可是來到美國之後，派得上用場的時候實在太少，可能只在結婚，或在得到高級學位的畢業大典上穿著一次。倒是內衣必得有七套以上，因爲一星期只洗一次衣服。洗衣時隨即用烘衣機烘乾。烘乾的衣物，沒有曬過太陽，不曾受紫外線殺菌消毒，但似乎有很軟很熟很爽手的感覺。

我曾遇到一導遊司機，大家熟悉之後休息時便有很多話題可談。他說當年前來美國，原希望順順利利讀個學位，在尖端科技的領域裡做一番事業。只是事與願違，不到半年，博士夢醒了，生活的重重困境，一再考慮，於是當機立斷，「改行」，找件職業！幹什麼好呢？又是一番掙扎，當阮囊羞澀時，因爲會開車，做了司機，以後又兼了導遊，就一直做了下來。導遊的待遇差，只是介紹買東西，買入場券和食宿卻有優待。他又說，歐洲人到美國來目的在求自由民主。中國人離鄉背井到南洋到美國的目的卻不同，先求溫飽解決生活問題，然後克勤克儉，節省些錢寄回家去，買肥田做大屋，傳給子孫光耀祖宗。留學生們冒險犯難和這些人是有不同的。他們在國內受過高等教育，聰明才智、專業訓練，都高人一等，來到美國之後，又能拋卻士大夫的背包，捲起袖子到飡館洗盤碗、剝蝦皮、打蛋，連女生都可以穿起圍裙端盤子跑堂，賺些工錢做學費。成就也較大。將來學成之後，回到國內貢獻所學也好，留在國外發展，就楚材晉用、儲材國外也好，他們的奮鬥精神都是十分值得欽佩和敬仰的。

在國內讀書一切以學業爲主，什麼都可以不必管，都能安全過關，可是來到國外，朋友之中，就說華人吧！來自國內、香港、大陸、南洋各地都有。有時也可由他們的語言略知其來自何處。每一地區有其不同的背景，觀點就不盡相同，就拿國內去的來說，眞心幫忙，互助合作的很多。也有不少政治團體在此活動，如台獨、大陸的、左傾的、左邊偏中的也很難令人知其底細，因爲臉上都沒有註明。如何趨吉避兇，以免走上歪路，誤上賊船，是不能大意的，眞是在家千日好，出外一朝難。在國內多純潔多簡單，來到國外所面對的眞是五花八門，印刷品滿天飛，免費贈閱的多得很。這些錢從那裡來？國內辦一次選舉，海外便乾著急一次。出錢出力不比國內差。這些大把大把的錢那裡來的？有人說，如果知道眞正出錢的人，就可以瞭解到他們候選人所代表的是那方面！剛從國內來的留學生們比在國內更加困難。因爲他們的統戰、滲透、組織的力量，明的暗的，說實話，堅強得很，利害得很。我們留意一下，國內只要有一件略不正常的事，國外必然大大的歪曲宣揚，批評、攻擊、告洋狀都一齊來。我們承認國家正在多難的時期，留學生是國家未來的接棒人，責任重大，不能跟人家胡攪。

留學生的婚姻也是問題。來到國外，學業和學費已經覺得昏頭昏腦了，交際、約會更有時間和金錢上的苦衷。交一個合適的朋友，比國內難得多。而且日常見到的外國人比華人多，選擇性就更有限了。男生還可以回國渡假，相一門親，速戰速決，攜帶新婚妻子回到學校來。女生就沒有那麼簡單，一方面得承受現實生活的重重壓力，一方面對家裡又不肯實話實說，免得家裡擔心，煩惱之外更加苦悶。就是結了婚的，因爲這裡是美國，一方面婚姻與家庭的觀念，不如中國的嚴肅，一方面生活奮鬥也不如國內天天在享天倫之樂，略一不愼，意外就可能發生，婚變的事也不是沒有的。寫到這裡，我就爲這些留學生們奮勇前進的精神鼓掌，致莊嚴的敬意，也爲那些刻苦或不幸的事而同情，並祝福他們成功、開花結果。

感恩節回洛杉磯

▲洛杉磯的天文台

在美國，十一月最後的星期四是感恩節。大多數的單位連星期五也放假，加上週末的星期六和星期日，有一連四天的假期，好棒、好棒。此時距耶穌聖誕節不到一個月，舊金山的聯合廣場已開始做聖誕節的裝飾了。約十層樓高的聖誕樹，和廣場四週店鋪櫥窗都展出電動的、維妙維肖的各種聖誕活動模型。有歌唱的，音樂演奏，家庭團聚，也有貓猴等動物表演。由感恩節爲前奏開始，漸漸往聖誕節前進，在美國的成衣、禮品等的市場上，是一年中的旺季，大家都要好好的把握，因爲這不到一個月的營業額，就和另外十一個月的總和相當，甚至還要超過。信不信由你，這個節日，全美國要吃掉五千萬隻大火雞。

感恩節，感什麼恩？現在的感恩節活動，似乎已經和過節不大有關連，大家只是狂歡和吃火雞、南瓜派而已，尤其著意在狂歡。

聖誕節和復活節等節日是各國基督徒所共同的。而感恩節卻是一個比較特殊的節日，是美國特殊的歷史背景產生出來的。

歷史上，一六二〇年，英國的清敎徒受不了宗教的迫害，爲了追求更自由、更平等、更豐足、更美滿的生活，從英國的布利矛斯（PLYMOUTH）港乘著五月花（THE MAY FLOWER）號帆船，離開英國。經過兩個多月和大西洋的狂風惡浪艱苦搏鬥，好不容易到新大陸的美東麻薩諸塞州登陸。他們人數不多，但代表著以後美國的傳統精神，追求自由平等的毅力和決心。

為了紀念這次困苦的壯舉，在他們當年第一步踏上新大陸的土地上那塊石頭，定名為布利矛斯石（PLYMOUTH　ROCK），上面刻上「一六二〇」的字樣，他們到達的年代，成為美國最古老的古蹟。（時在我們中國明朝光宗泰昌元年庚申，在我們看來是近代了。）那個地方也被叫做布利矛斯。和他們毅然決然離開英國出走的港口同一名字，當然也是充滿了懷念的鄉愁的意味。

這些由英國來到新大陸的清教徒，是為逃避宗教逼害，尋求信仰自由而來。他們的心態和游牧時代在曠野間逐水草擇地而居的民族一般，憑著信心，仰仗神的帶領，沒有別的憑藉。他們上岸時幾乎都空著雙手，又碰上那年是個苦寒的冬天，只得在半飢餓狀態之下煎熬著過日子。一百多清教徒死了一半。很幸運的他們發現一塊山坡上滿地都是南瓜，還有成群結隊，搖擺多姿，又喜歡趾高氣揚而且長得又肥又嫩的咯咯咯亂叫的大火雞，在這群飢餓的人們面前招搖。眞是神的恩典、神的賞賜，不吃這些又吃什麼？這些南瓜和火雞，提供了這些大難不死的清教徒的食糧，而延續了生命。以後又從印第安人那裡學到了種植玉米和捕鳥、打獵的技巧。到了秋天，得到神的垂愛，保佑著這些人大大的豐收，自己耕種的東西，足夠溫飽且能安渡嚴冬。於是他們在教堂舉行隆重的儀式，感謝上蒼、感謝神的恩典和賜與，然後大吃大喝以事慶祝。並且以當年救命的主食一南瓜派和火雞為大宴。就這樣成了一種風俗，年年如此，家家如此，英國來的清教徒如此，世界各地移民來美國的人也如此。主要的是冬天來了，農田裡比較空閒，火雞也養得肥了，在寒冬大雪的日子裡，休息幾天，家人們回來團聚，吃肉喝酒，久了，就成爲節日。當初，節期由各州自立，並不一致。但對神的謝恩意義，是相同的。一直到一九三九年，羅斯福總統向國會建議，以十一月的第三個星期四爲國定感恩節日。國會修正爲十一月最後的星期四，並於一九四一年正式公佈，成爲正式的國定感恩節日期。

中國人講究愼終追遠、飲水思源、知恩報本的道理。美國早期的移民，生活儘管淸苦，雖是一片麵包、一碗淸湯，可是感謝神的心情却是十分虔敬的。基督教是：人不論處在富裕的順境也好，或貧窮的逆境也好，都是神的安排，都要存有感謝之心。不過十九世紀以後，美國工商業突飛猛進，經濟逐漸繁榮。新來的移民們多有抱著發財淘金美夢的人，他們和早期的淸教徒的理想和抱負已有不同。社會信仰已是多元化了。三餐不繼的人吃飽了一頓飯後，便十分感謝；富有的人，天天都山珍海味，反而痲木得無動於衷，認爲當然。現在美國人在感恩的心情上，當然萬萬比不上當年那些衣不蔽體身無長物，整個冬季都賴南瓜和野雞維持活命的先民的。

宗教理想是崇高偉大的。在感恩節前，舊金山的教會領袖們準備在感恩節爲貧困的人共渡佳節而施食，供應免費食物。呼籲各界人士捐助罐頭食品、麵粉、麵條、豆類、大米等。他們估計要五百隻火雞、一千磅馬鈴薯、幾百加侖餡料、幾千只餡餅、麵包和咖啡等。解衣推食，這就是可貴的宗教精神。

我們在舊金山二兒這裡住了一個多月了，在洛杉磯的三兒不斷打電話來，要我們回洛杉磯去住些日子，還說過感恩節，已定下了一個十磅的又肥又嫩的火雞。於是二兒決定在感恩節自己開汽車回洛杉磯。舊金山和洛杉磯之間的汽車路程約四百六十餘英里，即七百四十餘公里，算是長途行車了。所以前一天先把車送去車廠檢查修理，幷加滿機油。我們一定要爲安全著想，車上的油箱能容二十加侖汽油，這車一加侖汽油能走二十英里，還算省油，沿途也有五六個加油站。在鄉下加油站的油價比市區的每加侖要高上二十分錢，但無論如何都還不及台灣的一半價錢。可能是因爲台灣的汽油是由世界各地坐大輪船運來的；在美國、自己本土就出產了很多。

車準備好，又大包小包的午餐點心和整天的各種飲料，堆上了車。二兒打開地圖研究今天要走的路線。舊金山至洛杉磯之間有幾條路可通，都是大路。今天我們決定走五號州際高速公路。所謂「州際道路」，相當於我們的「國道」。設計、建築的水準都很高。我在地圖上岔道的地方用紅筆標出，以後在車上就好找了。

九時正，我們出發，二兒開車，我坐在旁邊，手拿地圖，注目車外。車經金門公園東面的林園大道，上海灣大橋、經奧克蘭然後南下。看地圖和路旁的標誌，知道車在何處。一小時後，已經離開舊金山區，看來聖荷西也在後面了。舊金山時濃雲密佈，頗有山雨欲來之勢。此地則天晴氣朗。一般說來，聖荷西的氣溫比舊金山暖和。在台灣住久了的人來說，舊金山似乎過於寒冷些，聖荷西卻較爲適宜；而且舊金山秋冬季有霧，而聖荷西卻常是艷陽高照，美得很。不過舊金山的自來水很好，可以生喝。而聖荷西的自來水，不和舊金山同一系統，由於當地的工廠，以矽谷揚名於世，水源也頗受污染。自來水不能生飲，頗爲遺憾。但兩地的空氣都很清新，十分優良。至於洛杉磯，氣溫比聖荷西更高一些，但比台北爲低，而且熱的時間只有中午到下午三時之間，晨昏還是相當涼快，晚上更是涼爽，不是台北所能比擬的。但空氣的污染比較嚴重，每天早上在山坡上遠望洛杉磯盆地，便可見到軟紅十里，上沖霄漢。這三個都市的溼度都很低，乾燥的海邊，十分舒服，是十分適宜居住的都市。

車出了市區，放眼兩旁，人家和房屋漸漸稀少，以至於沒有了，有人說是沙漠。我仔細看，地面是略有起伏。經過人工整理，地面做得很平順，種著青綠蒼翠的牧草。而且設有電腦管理的自動灌溉管路系統，地面的溫度溼度達到需要用水時，開關自動打開、噴水灌溉。噴水成網狀，像下雨一般，數量剛好是當時需要的，不多不少，然後自動關閉，停止噴水，毫不浪費。我們看到的一望無際的綠油油毛茸茸的像穿著綠色衣服一般的大地，有鐵絲網，隔成一區一區，是牧場。接著又見到滿山遍野的牛群、馬群，大的小的，東一片、西一伙、自由自在的吃草，卻見不到人或狗。

這風景，說起來也是相當乏味的。但這大片經人工改良的沙漠，遠勝於洛杉磯去賭城路上的寸草不生的沙漠，因爲有綠草有牛馬就有生氣，看上去就比較舒服些，也不致於想睡覺。最糟的沙漠卻是去鹽湖城在飛機上所見的，遮天蓋地黃沙滾滾的爲最惡劣。

車行至LIVERMORE附近山區時，看到公路兩旁的山脊上有好多風車，一排一排的，每座風車之間不過四五十公尺罷，東面山上有，西面山上也有，一直向遠處，一層一層的伸展出去。這些風車是利用風力來發電的，有兩種不同的形式。一種是我常見到的，像台灣的立型電扇，和圖畫中的荷蘭風車相似，頂上有三根「車葉」，有五公尺長罷，另一種是我從未見過的，直軸風車可能是新型設計，中間一根支柱，有約十層樓高，由頂至底左右各有一根帶狀的像做算術的小括弧一般的形狀，風一吹來，那括弧狀的帶便呼嚕呼嚕的急速轉動，風車一轉動就發電。不知道這裡的風車有幾千座，數量年年都在增加。另外還有一種比較特別的型式的風車，安裝在去加州首府沙加孟都的路上。車葉長達五六十公尺，成水平裝置，像平常見到的直昇飛機的機翼一般，轉動起來

▲風力發電的三葉風車

便有一百多公尺寬濶，極爲壯觀，發電量也較大。這些風車發電，集腋成裘，目前最大時已高達二三十萬千瓦，相當於四分之一核能電廠的發電量，比日月潭的大觀巨工電廠的大七倍以上。現在冬天，風不大，只有少數在轉動。如果在夏天，下午三四點以後以至深夜，強勁的海風不斷吹來，所有的風車都呼呼的急轉，場面十分雄壯，發電量也最大。這些電輸入電力公司的供電系統，正好是大舊金山區用電的尖峰時間，用電多，電價最高，風車發電的公司便賺大錢了。看到人家的風車發電賺大錢，不是我眼紅，只是想到我們澎湖、宜蘭等地有名的風力，也當可以好好利用的。

這條五號公路，寬大、平直、大半徑轉彎、車輛不多。長途行車，開車的人精神很

▲風力發電的直軸風車

好。倒是坐車的人，睡意綿綿。沿途沒有人家市鎮，偶有加油站，也不是村落，只純是爲過往的車輛加油加水服務的，一間小店也有簡單的飲料點心，店鋪後面是公共洗手間。我們停車加油，大家順便下車伸伸懶腰，活動一下身子，也讓開車的二兒休息，讓他的大腦、眼睛、身體都轉換環境，恢復疲勞。

中午，孩子吵著要吃點心和飲料。我勸二兒把車開入岔道休息，大家吃點心。他說不必，他可以一面開車，一面吃雞腿。於是把包子、蛋、雞腿都搬出來，慢慢的吃。我選了一處很長很直的路段，把點心傳給二兒吃。他一面開車，一面談笑，一面吃點心。車行時速維持六十五英里，合一百零四公里。這是州際公路的標準速度。我又想替他開一小時車，讓他休息。再想我沒有美國的駕駛執照，年紀大了反應畢竟比較遲鈍，行車安全第一，也就算了。因此由二兒一路一直開下去。半路還在不需要加油的時候，我藉口要上洗手間而停車，目的在讓二兒多一次休息。

在我的印象中美國的洗手間都是免費的，或者很多人都有這印象。也許這座加油站和什貨店的生意不佳，不得不打洗手間的主意。他們在洗手間大門口掛著個牌子，每使用一次，在門上投幣口投入兩隻二十五分的硬幣，才能開門，當然裡面的人出來要開門是免費的。五十分、合台幣二十元，未免太貴了。可是在此，只有他一家，別無選擇。正當我伸手到衣袋中找硬幣的時候，裡面有一個大鬍子的人出來，他站在門縫中不出不進，卻滿面春風的招呼我，叫我在他出來之前，免費進去使用，可以省下五十分錢。而且和我相約，當我要出門時，也站在門縫等候一下，若有人要進門，讓他也順便免費進去，也囑他要如法砲製做好事，讓別個行路人也省下五十分，而且一路省下去。讓它這個不合理的收費制度，減少效果，眞是有意思得很。

一路走來，我覺得美國人是很有幽默感的。有一個地名是LOST HILL，可是那地方根本平坦得很，毫無山丘的樣子。二兒笑說，HILL已經LOST掉了，可不是嗎？未嘗沒有道理，長途行車，這些笑話，可以提神醒腦，讓開車的人不會想睡。我造過路，瞭解荒山偏野要取站名，一兩個還可勉強湊合，可是要是站名一多，要變戲法一般的取名，也不是易事。

第二次加油是在「葡萄藤」（GRAPE VINE）的加油站。此地離洛杉磯不過九十餘英里，而且由此地起便要上山坡了。因爲是國道，坡度只有五%，很平的。路的最高點是海拔四千一百四十四英尺，要到一千四百公尺了。在台灣來說，已到橫貫公路的達見水壩那裡了。二兒說，有一年聖誕節他們的學校同學會在此露營滑雪。我舉目遠望，果然銀白色的雪已蓋滿了山頂。五號公路到了洛杉磯之後，我很快認出由五號公路轉入六十號公路，再轉入AZUSA路便到了三兒家。是下午四時許。

三兒夫婦們準備了一只又肥又嫩的十磅重的小號火雞。本來他們想偷懶，不在家吃飯，要到外面去吃感恩大餐。說在什麼路轉角那家餐廳推出豐盛的火雞大餐，有適合家人團聚，派對宴會的祥和氣氛。十二道開胃菜有烟燻鵪鶉、螃蟹、魚子醬、烘烤鳥類（包括雞鴨）白玉米湯等；十二道主菜有火雞胸肉、香腸、烤乳羊、生蠔等；甜點有三層南瓜派、巧克力布丁、蘋果布丁、果子派、胡桃派等。任由挑選。每客由十元至四十五元全有。或者另選一間差不多的餐館過個感恩節也可以。三兒望了大家一眼又說，好在我們大家都不想減肥，一年一次的感恩節，吃個痛快，回家來又不要洗碗筷清廚房。不過我們都不同意。由舊金山來已經坐了一天的車了，就在家裡烤火雞，弄東弄西才有意思，比在外面好多了，原來他們也把火雞烤了幾個小時了，他們又轉過話題津津有味的談烤火雞的技術呢！

他說，先把火雞週身多出來的肥油剝乾淨。烤前，外國人多在雞身外用牛油、鹽、胡椒等去抹；我們用醬油或蝦油、檸檬、和蜂蜜。他們用麵包吸飽肉、蛋、蔬菜煉出的高湯然後塡腹；我們用自製的八寶飯，烤好之後把烤盤裡的雞汁，加點酒，和青蔬煨出濃澆汁，加一點太白粉，吃的時候，澆在雞肉上，更爲腴美。他們把骨架子丟掉；我們把骨架子加白菜、山東粉絲、豆腐去熬湯，又甜又鮮。

我們吃自烤的火雞、加上紅燒蹄膀、幾樣炒菜，幾杯加州葡萄酒下肚之後，胃也開了、話也多了起來。從家裡的雞毛蒜皮小事，談到三民主義統一中國，又轉到美國的國家財經，年度預算赤字達千多億美金，外貿逆差也達一千多億美金。中華民國也插上一腳，一年賺一百多億美金。三兒笑著說，這全是源自美國有合法的罷工制度。我說，願聞其詳。他說，十幾年前，台灣的紡織工業，被人形容爲夕陽工業。那知實際的發展，全使那些財經大師們跌破眼鏡，看走了眼。台灣的紡織工業，不但沒有沒落，沒有關門，反而帶動別的工業，年年成長，仍然是台灣外銷的主力。又如製鞋工業，台灣鞋銷美，差不多每個美國人每年就買兩雙台灣鞋，爲什麼如此？因爲美國容許罷工！工人年年以罷工爲手段要求加薪，薪水工資高到產品毫無競爭能力，工廠逐漸萎縮，最後便只有倒閉，兩敗俱傷，大家都吃不成。可是社會大衆還是要穿鞋，便只得買外國貨。台灣鞋物美價廉，也就賺錢。因爲台灣講究勞資協調，有飯大家吃，大家都在有利的情況下，共同爲事業發展而努力。這就是三民主義的優越性的例證。三兒又說，美國各行各業視罷工爲家常便飯，並不只是工廠而已，也包括中小學校老師。當每年九月開學前後便罷工，要求加薪，或增加文具津貼、加班津貼，甚至減少每班學生人數也在爭取之列。其實每班學生不過二三十人而已！

酒醉飯飽之後，大家又聊到紐約市的感恩節，一間最大的梅西（MACY）百貨公司，每年主辦的「梅西大遊行」，多彩多姿，十分盛大。他們用花車，塑膠造的充氣的巨型卡通人物氣球。這些卡通人物都是美國人，其至很多世界各國都家喻戶曉的卡通明星，如唐老鴨、大力水手的女朋友奧利薇、聖誕老人、電視的超人、啄木鳥、史努比、落水狗、灰熊尤吉、卡肥貓、清教徒、名歌星瑪麗奧斯蒙等等，造得維妙維肖，一看便知是誰，小孩高興，大人也有會心的微笑，在感謝神的恩賜的節日裡，見到老少都喜歡的東西，雖然沒有唱聖詩，也有一種團圓的溫馨感。這些人物氣球，有十層樓高，一雙腳就有二十尺長。在紐約街頭遊行三小時，吸引了幾十萬人圍觀，全國在電視上觀看的人更不知有多少。

在洛杉磯我們常在外面吃飯。中國城的金龍餐廳很有廣東的味道，可以擺下一百多桌酒席，據說是台灣的資本，很多華人在此宴客，當然也是說華語，有賓至如歸之感。

一間監獄就設在中國城的大門口，看起來頗不是滋味，令人有種族歧視之感。

玩了幾天，我們回舊金山，這回改走九十九號公路。這路是加州的省道，經過的地方沿途都有市鎮，有三四個飛機場，是富庶的農村。田裡種葡萄、棉花、高粱、麥子、蘋果和柑橙等。金山橙是加州名聞世界的水果。葡萄園多，酒廠也多，隨時可見「歡迎到酒廠去參觀試飲」的廣告，做得又多又大、鮮艷奪目。棉花採收之後，大堆大堆放在田邊。想起在好久之前，台糖公司一位農場主任在一美國人前說，他的農場有兩千多公頃之大，橫十公里直二十公里，眼睛所見到的全是他的甘蔗。言下頗有得意之狀。說實在，這種規模在台灣是不小了。可是那美國佬卻說他在德州的牧場也不算小。問他究竟有多大？他說大約台中彰化至屏東墾丁罷！現在看加州的農場牧場，我相信那位老美沒有吹牛。大地主！眞是大地主！大陸上的有一點點土地的人，那裡算得上大地主呢！

我們在 BAKERSFIELD 鎮休息，順便走走，覺得此處交通方便空氣新清，住家定然不錯。我相信定有不少華人在此處安居。中午經過 FRESNO 鎮，鎮上有一間以鎮爲名的大學，雖非最有名聲，但也很不錯，華人學生不少。我有朋友在此讀會計和電腦。讀會計的畢業後便考上了會計師，拿到證書後立刻開業，當起會計師事務所的老闆，並且馬上結婚，成家立業，應該慶幸。

二兒說，由 FRESNO 有路可到優仙美地（YOSEMITE)，那是加州的國家公園。此路在夏天開放，冬季裡則冰雪載途，頗爲危險。前面是 MERCED 鎮、那村莊向西走一四○號公路，全年都可行走，也到達優仙美地。他說這國家公園是很有名的，沿河的山區，有黃色的草原，深綠的叢林、石壁懸崖陡峭，形象雄偉壯觀而又秀麗，大瀑布之上還有百公尺的大瀑布，自天向下猛衝，聲震雷動，幾里之外可聞。不是台灣花蓮太魯閣天祥的風景可以相比的。值得一遊。我們到 MERCED 鎮，打電話到優仙美地去，據告天氣不錯，雲中微透陽光，氣溫約攝氏五度，路況也好。於是再打電話訂旅館房間。休息時，我們計畫在優仙美地住一晚。明天下午由優仙美地走一兩小時可以到泰浩湖（LAKE TAHOE）。泰浩湖區是加州州立公園。湖寬十二公里，長二十四公里。橫跨加州和內華達州。蔚藍的湖水，映著山光、美的像人間仙境。湖邊大道，遊人可以步行，可以滑雪、騎馬、爬山、露營、烤肉、野餐、游水、釣魚。有大草原、大松林，可以仰臥看天，可以森林浴。氣勢壯濶而又幽靜。每當身躺山石之上，見陽光普照，脈脈斜暉耀古道，不由得黯然低迴，震驚於時光的威力。湖南湖北都有小飛機場，湖北有一雷諾市，大路西面是加州的旅館、餐廳、商店；東面的內華達州是富麗堂皇，華光耀眼的賭場。

我們計畫在泰浩湖和賭城雷諾也住一晚。回程經過加州首府沙加孟都（SACRAMENTO），那裡有好些鄰居和朋友。然後回舊金山。這幾天行車時間少，可以盡情欣賞山光水色、回歸在大自然之中。

在MERCED鎭略事休息後立即出發，轉入一四〇號公路往西而行。這是縣道，路面很好，車不多。約行四十分鐘漸入山地。漸漸爬高。忽然一陣冷風吹來，連着飄來微雨，我們的心開始沈重起來。再走不知多久，忽然大陣大陣的雨打將下來。不得了下大雨了。我們說識時務者爲俊傑，不要和大風雨對抗，回頭罷！回舊金山去！於是當機立斷，轉過車來，原路回MERCED鎭，回九十九號公路北行。不久，平地也下雨了。黃昏，在風急雨驟中回到舊金山家中。

次日看報，優仙美地和泰浩湖山區昨晚大風大雨連帶大雪，且有數處雪崩，遊客們夜半紛紛下山，交通阻塞，困難萬端。我們雖然只到公園外圍，算是過門而不入，沒有玩到。但也沒有受到交通混亂之苦。

舊金山的交通

▲冬天來了，楓紅重重

美國有一個非常了不起而且十分完善的機構，叫做美國汽車協會（AMERICAN AUTO-MOBILE ASSOCIATION），簡寫爲「ＡＡＡ」。這機構招收全美國、不分性別、不分種族、不分國籍，凡是開汽車的人都爲會員。每會員每年繳交三十元爲會費，如夫婦二人都開車，則二人都應該是會員，所以會員實在多極了。這協會在全國各地都有服務站，爲開汽車的會員提供各種服務。會員可到服務站去索取各種地圖或旅遊指南（TOURBOOK）；如果旅遊途中汽車發生故障，那是叫天天不應，叫地地不靈的時候，可打電話給ＡＡＡ服務站，她會爲會員服務，把車拖到最近的修理站。這些服務都是免費的。她供應的地圖，種類繁多，比例尺最大的是全美國詳圖；最詳細的是地方市街詳圖；這些市街詳圖有任何一條街路的位置，而且門牌的略數都標明出來，如標出門牌的區間是一三〇〇、一四〇〇等。都市隨時間變化，街路經常增減，她的地圖也隨時修正。也有區域的略圖、簡圖，公路網示意圖、各市鎮間距離等。似乎開汽車旅行所需要的資料都充足具備。ＡＡＡ的地圖已經把全美國大小市鎮的道路全包容進去了，一個陌生人要在市區找人，只要有地址、有地圖、坐上汽車按圖索驥不怕找不到。地圖上除了道路之外，還有河流、山崗，還很精確的註明山頂的高度。旅行指南是一個地區編成一本。如加州和內華達州的那本便有四百多頁，詳細介紹這州的地理歷史，遊樂觀光風景區等。並且有各地的觀光旅館的地址、電話、旅館等級、房間價錢等都詳細列出，如果要到那地方去過夜，可先打電話去把房間訂好。

舊金山市大半地區都起伏不平的，所以有一條交通規則，執行得最徹底，就是坐在車上第一排位子的人一上車就要把安全帶扣好，大家一致遵行，沒有例外，也成了習慣。

舊金山除了大家自己有車之外，市區的公共交通工具如公共汽車、地下鐵路、灣區捷運鐵路等都很便利。而且舊金山的都市計畫更是嚴格執行，把住宅區、商業區、工業區劃分得毫不馬虎、不混亂，所以居家十分方便。

市公共汽車，我們常乘坐三十六路和四十三路等，都保養得整潔，班次也很密。這可能是舊金山市街相當密集有關。公車可以買月票，月票是二十四元。也可以在車上投硬幣，但車上不找錢，投再大的鈔票也是無法找錢。成人票一回是六十分，兒童票二十

▲街頭的紅葉

五分，老人票五分。報紙上時常吵吵鬧鬧說公車如何虧累，要求車票加價。據說也吵了好久，成爲經常爭吵的題目。

舊金山的公車和地下鐵路，當旅客上車投了錢之後，司機立刻撕一張車票給你。這張車票，電腦印有時間。如果是九時上車，那麼車票到十一時還有效，可以憑它乘坐任何公車或是地下鐵路，如果乘坐纜車也可以抵六十分錢的車費。我送孩子上學，常先乘四十三路公車，轉地下鐵路電車，這兩段都很短。地下鐵出來後送孩子入學校，看他平安進入教室後，回頭坐地下鐵路轉公車回家，有一次又想到漁人碼頭去，於是又坐地下鐵路到鬧區馬結路去，此時距第一次坐上公車的時間還不到兩小時，原車票還有效，又憑此車票坐一次纜車，所以一張車票最高利用次數達到了六次之多，並且是合法的，絲毫沒有投機之意。

我時常下車便把車票丟掉，因爲我知道下次坐車的時候還久呢！有一次見到一個小孩把車票拾起來，看時間，因爲他想利用那票的剩餘時間、再免費搭車呢！

地下鐵路的電車，在住宅區多在地面上，車站只略有月台，或根本只是招呼站而已，設站費用甚少，所以招呼站多，站與站間距離近，也頗便利旅客；車進鬧區便轉入地下，設站費用昂貴，站間距離便長了。

地面上的招呼站，旅客投幣之後，司機便撕給一票，地下車站是進站之處的入柵口投幣，柵亭的人員看投幣無誤便在亭內手按電鈕，機器轉動柵門欄杆，旅客入站，在機器那端拿票。在

POWELL那站柵亭的胖小姐每次都要看我的證件，是否達到老人的標準，我也不厭其煩的拿證件給她看，每次都引起她「噢」的一聲，說已經看過好多遍了，因爲我上中國城和漁人碼頭都由那站回家。

纜車是古董車，路線不長，成人票是一元。如果有公車票並且還在有效時間內，可以抵六十分，再補四十分就可以了。

公車票不能抵坐灣區捷運（BART）系統的電車。灣區捷運系統是以區間遠近計算車費。它的路線成英文字母的X形，路線總長七十一英里，共有三十四個站。在舊金山市區到南邊的德力市（DALY CITY）全在地下，過海灣在奧克蘭後出地面的高架橋上，往南到FREMONT，往北三站後，往西北到RICHMOND，往東北去到CONCORD。坐BART買票是在車站入柵口前先買票。最低票是六十分。在售票機上把錢投進去，車票便吐出來了。入柵時把車票塞入入柵口，機器轉動，入柵同時取出車票，此時車票的電腦磁帶上已加上什麼時候，什麼車站入站的資料了。不過我們用眼睛看不出罷了。到了，要出站，如果票價比已買的爲高時，機器不動而且把車票吃掉了。如果不足六十分，在機器上會吐出「仍欠六十分」的欠資車票，把這欠資車票到旁邊的售票機上投入六十分之後，再把車票收回出柵。把這已補過六十分的車票塞進去，機器轉動，安全出柵，同時機器也把票吃掉。BART有一個好處，像我是個觀光客，不是坐車去辦事的，可以買一元的票，坐到東坐到西，任由君選擇，只要不出站，可以在車上旅行，三小時後回到原站，不論坐了多遠的車，不必加錢，大搖大擺出站。

公車，地下鐵路的電車也好，BART的電車也好；車上投幣也好，站上買票也好，錢根本不經過人手，所以也就沒有「吃票」的事了。

公車有幾十線，蛛網似的分佈全市。地下鐵五線，在鬧區部份都在地下。在地下的站，有站名牌，也有播音，叫喊車站名，只是這些站名播音的音調卻是陰陽怪氣，不熟悉的不仔細聽還聽不懂呢！但地下電車車箱內都很整潔，車班也多，不過上下班的尖峰時，站的人還是很多。有坐位的人多把報紙打開來看，到站下車，很多人都把大捆的報紙留在車上，因爲一份報紙十幾張，要看的也不過只是那一點點而已！下車後的時間，已不是看報了。在地下的車站，都有斜式的電梯直達地面。

灣區捷運BART（BAY AREA RAPID TRANSIT）在舊金山的部份也是地下鐵路，在馬結路處在市區地下鐵路的再下一層。流線型的車身，美得很；車身寬；絲絨座位大；座位面前寬；地毯厚軟；空氣調節，非常舒適。是舊金山公共車輛中最舒服的。車窗玻璃濶大，視野廣，在地面高架上可以觀賞山林、村鎮和市街、眞是處高望遠。全部路線都沒有平交道、行車快速，每小時八十英里，約合一百三十公里。觀光的朋友，不要放過這灣區捷運的地下鐵路的電車。如果到奧克蘭或柏克萊，可以不必自己開車，可以坐BART的電車到東灣去。在BART車站外多是大停車場或其他公車的車站，的確方便。有人問坐這車過海時有甚麼感覺？因爲過海灣前後，車已在地下二十多公尺處行走，過海不過海都沒有什麼分別，只是海灣前後兩站相距八九英里，時間略長而已！因爲是地下，又是過海，所以它的安全和舒適方面的規定也很嚴，如在車站在車上都不得抽菸，吃或喝食物飲料，開收音機或錄音機。如果違反不抽菸的規定，還可處罰五十元呢！嚴格規定，嚴格執行。習慣了也就無所謂，大家都共享安全舒適豈不是好！

灣區捷運的車站牆壁上都有附近的風景名勝、遊覽勝地、購物中心、公共建築物、公園和公車路線等資料。

市公車路線多而密，鄰近公車也延伸到市區來。如舊金山南的SAM TRANS（SAN MATEO COUNTRY TRANSIT DISTRICT）。它的車漂亮得很，車身圖案和顏色，與市公車完全不同。有五條路線穿過舊金山市區。其中兩條路線經過國際機場後到市區內中國城。坐飛機的人，如果行李不多不大，可以出了機場大門之後，去坐這種SAM TRANS的公車到中國城去，由中國城轉乘公車、地下鐵路電車，或BART回家，可以不要人接飛機。這公車因係長途，以區段收費，每區段成人十五分，老人殘障、兒童五分。

美國非常重視殘障者的福利。停車場、公廁，排隊都有殘障者專用的地方。

美國因爲汽車十分發達，差不多人有一車。全國公路網又十分完善，汽車極度發達的結果，鐵路火車便顯得萎縮了。短距離多用汽車；長距離則用飛機。坐火車去旅行的少之又少。所以現在鐵路火車最大的業務是運貨。貨物列車也極爲壯觀。前面五六輛大火車頭拉著一百多輛貨車，後面還有兩輛大火車頭推送，兩公里多長，浩浩蕩蕩的聲勢，非常可觀。可是舊金山至聖荷西有一段鐵路卻行駛客運列車。

這客車外觀漂亮，是雙層的，開著上下兩層窗戶。車內整潔，車的兩端有左右兩段梯級到上層去。上層的座椅除兩端外，都是單人座位，中間是空的，坐在上面可以看到下層的情形。上下層的票價相同。有人喜歡坐在下層，我卻要坐上層，可以登高望遠。車票價格不是按每站計算，而是按區段，一區段內五六站的票價相同。車班不多，非尖峰時間一小時一班。舊金山起點站是有站房的，大小只約台灣客

▲舊金山的兩層火車

運的台北西站的樣子。但車場很大，各式貨車多得很，花白顏色的客車是CAL TRAIN的，灰藍色的是SOUTHERN PACIFIC的，這兩公司的客車倒像老牛破車一般，毫不起眼，可見這站還是以貨運爲主要業務。月台也簡單得很，其他的車站，不單沒有站房，連站名牌也沒有一個，月台也只有一尺高而已！簡直連台糖火車的客運站都不如。我仔細一想，就因爲如此簡單，省卻了多少站務費和用人費，這也是這條客運火車能夠維持下去的原因吧。

當我第一次坐這火車時，一時無法適應，看車停了又開，開了又停，不知此身究在何處？詢問鄰座旅客，他告訴我，車開行後幾秒鐘，車上會播出下次停站的站名，停車前又會播即將停車的站名三遍。他教我注意聽，果然有油腔滑調的語音播出站名。

車長於起點站發車後就查票。他只在下層過道走過，把手伸出要上層的旅客把票給他，驗票後，把票插在上層地板旁的插座內，抬頭對旅客望一眼，記一下面孔罷。以後每區間都來看一下。到了站，自己拿行李出站而已！

有一次我坐這火車由舊金山到紅木市（REDWOOD CITY）去。鄰座旅客告訴我，下一次如果星期四來，應該到前面一站，叫BAY MEADOWS處下車，那站就在跑馬場旁邊，在火車上就可以看到幾匹馬站齊在跑道頭上，準備出賽。「不賭錢看熱鬧也好」。在紅木市火車站前面就有SAM TRANS的公車，直達舊金山國際機場、中國城，和德力市等處。

舊金山的車新式的多的是。可是也還有類似古董、寶貨似的纜車（CABLE CARS）。八十年前，舊金山有過八間纜車公司；六百多輛纜車；一百一十英里路線。後來經過大地震及火災，纜車業務萎縮，現在只存三四十輛車，三條路線十七英里長而已！這三條路線，一條由馬結路的海灣附近，由東至西沿著加利福尼亞路到VANNESS街口。另外兩條路由馬結路的POWELL站起，經中國城西之後，一條到HYDE ST. 有名的九曲花街在此山頂的路段，終點近漁人碼頭。另一條經過MASON ST. 轉到漁人碼頭。漁人碼頭是四方雜處好玩的地方。

這古色古香的古董纜車，觀光客必須一坐才不虛此行。普通電車的電力線是高架在車頂之上；纜車的電力線是藏在兩地鐵軌之間的地下溝槽裡面。車身全部有蓋頂；一半有車箱，兩排對坐的板櫈；一半沒有牆壁門窗，背對背的板櫈，旅客面向街上；這半節車身之外，左右都有可以站八九人的踏板；駕駛員站在板櫈後面中間，把長手把柄伸入鐵軌中間的地下溝槽扣壓緊電力線，就這樣開車停車。車行速度是每小時九英里，約十四公里半，和台糖公司的小鐵路的客運列車差不多。過馬路時敲動車上的黃銅大鐘，「江冬江冬」的警告行人，也會大聲么喝，叫人讓道。車行雖慢，但車的爬坡能力甚佳，只見駕駛員咬緊牙關下死勁的扣壓緊電力線，纜車便轟隆轟隆的爬上陡坡。

纜車到站之後，旅客蜂擁上車，混亂難免。但纜車必須掉頭才能開車到回程的路線上去。掉頭的方法也是幾十年前的。由四、五個人把車推到轉盤上，再用手或屁股頂著車子以轉動轉盤，待車對準另一條鐵軌時，再推車上路，纜車才能開回去。

很多人要毀掉這落後的交通工具。也有很多人卻以爲舊金山實在太少古蹟古物了，難得有這麼一件古舊的東西，還不該好好的保留著它嗎？

舊金山灣是世界最優良的港灣之一，海運船隻軍艦都另有碼頭。漁人碼頭是灣區之內的船隻及遊樂船隻集中之地。

我早就知道舊金山人家家戶戶都有車。住久了之後，又瞭解到人們賺多了錢，買車之後又買船。車是上下班和買物訪友辦事代步的；船是星期六星期日去度週末時玩樂的。星期五下午下班之後，或星期六上午帶著家人、食物、飲料，加滿船的燃料油。因爲開汽車出去，到那裡都有加油站，在海上卻沒有加油站，所以只能靠自己多帶些油。開船出去把週末時間用另外的方式，各別的環境消磨完了之後回家，週末是把腦力和體力用在和平時不同的方向和情趣之上，就是消閒。有汽車必有車庫；有船，可不能把船開回家來，只能在漁人碼頭附近的港灣租一個船位停船。這個港就相當陸地上的出租的停車場。中國人有積穀防饑的傳統美德，美國人有保險和社會福利制度，儲蓄的熱誠便不如中國人，拚命的賺錢，也拚命的享樂、花錢。

車有出租汽車，船也有出租的。

漁人碼頭有幾條航線經營固定班船。如去SAUSALITO鎮的；去惡魔島的；去環遊海灣的等等。營業都很好，中午前後的班次還時常客滿。買不到票只能改換另外的班次。因爲他們不像台灣鐵路局的快車，無限制的出售「自願無座」的客票。

有一回我去坐環遊海灣的船，船遊灣內一小時許，至金門大橋及惡魔島四邊環繞一週。至此我才確切瞭解海灣內海水的兇惡，無風而湧浪，漩渦連連不斷，水深流急，方向時常轉變。波浪衝擊船身，如雨如霧。我們群聚在頂層甲板。遠望市區的高樓，辨認那棟該是什麼大廈！天線塔在雲霧中乍隱乍現。山岡起伏之間房舍密集，這才知道灣中島嶼，對岸峰巒重疊遙相對峙的形勢。

遊灣完畢，隨著人群慢步登岸。見一群人圍在岸上不知幹什麼玩意？再看，都是剛才船上的旅客。原來是有做照相生意的人，在船上的時候，當旅客不知不覺中爲人照下旅遊的相片。職業照相師，選取最佳的角度

▲舊金山灣中的惡魔島

，最值得留念的鏡頭，五寸的相片，配上心形的木框，每只五元，大家都找自己的付款取貨。花錢不多，留個意外的紀念，頗有趣味。那天我穿了一件藍色的棉襖，頭髮也被風吹亂。兩三個金黃頭髮的女人在那裡指手畫脚的說，這張相片很像中國大陸的毛某人，他統治過十億人口。我聽到之後，再看看自己的儀容，突然一股惡心上湧，連五元也省下了，那相片不要也罷！那幾個洋妞回首看我竟掉頭而去，也哈哈大笑。

漁人碼頭有直昇飛機，隨時爲遊客觀光服務，每次三十元或五十元，遊覽市區或灣區。最好是對市區灣區情形略有認識，在飛行中可以看看市區各地各項建築，天線塔在那裡？家在那裡？誰的學校在那裡？現在飛臨何處？那白鐘樓是加州大學柏克萊分校，那大圓形的是臘燭台的大運動場，這是金門公園，這是金門大橋，會有身臨其境的親切感。

舊金山在國際間的名氣是夠大的。但她的國際機場的規模卻不能相配！所以在東灣又有一個奧克蘭國際機場。但舊金山國際機場也有她的優點，因爲離市區近，由日落區開車前往不過二十多分鐘即可到達。大廈前面分上下兩層，出境旅客直上頂層辦理出境手續。國內國外兩部分開。

國外旅客出了空橋那地方，還沒有下電梯到入境室，便可以隔著透明的大玻璃看到接機的親友，彼此高高興興的招呼。

這機場的管理辦法比較寬鬆，禁區範圍似乎不大。親友們可以送到機門空橋那邊不遠的地方。進入機場內部的人必須通過「檢查門」。身懷武器的人經過時便會「噹」的一聲。我接三兒時通過檢查門，卻「噹」的一聲，我自己嚇了一跳，檢查員也甚驚奇，我說，回來再走，可是噹聲依舊。我想到身上有鎖匙。連忙把鎖匙拿出。再過門，又噹了；再想還有兩小袋裝滿了一分、五分、十分、二十五分的硬幣，這下檢查員也笑了；又過門還是噹的一聲響，噹得我好心煩；原來還有八卦丹萬金油的鐵盒子。這儀器對金屬實在夠靈敏了。送三兒過檢查門之前先把這些家當全都拿出來。一位大鬍子先生在那裡脫鞋，他說穿的是工作鞋，裡面有鋼板的，過門之後再穿也是一樣。一位女士，先是除下金呀銀呀的腰帶，再來是兩手那麼些漂亮的圈圈，最後是聚光閃亮的髮飾，和耳朵上那厚重的牌牌，實在夠有意思的。她笑迷迷著兩眼，慢慢卸下那滿身的寶貨。我忽然想到如果滿口金牙銀牙的人怎樣通過這個檢查門呢！

黃昏時的舊金山機場實在夠繁忙的。我們看著一架飛機著陸，後面跟著又是一架下來，仔細一看，天空還有三架排成隊伍，按照次序，冉冉而下，一架接著一架，等這批都下來了，跑道頭上已排好六七架等待起飛，前面一架剛離地爬上天空，後面那架已轉到跑道頭對正跑道了。這幾架飛機出發了，天空又已盤旋了幾架等待降落了。

往洛杉磯的飛機上客了，三兒又在神色黯然中和父母告別，一再叮嚀要保重身體，該吃的拿來吃，該用的用。晚飯後和他通電話，知道順利到家，叫我們不必掛心。還說飛機航行七十五分鐘。自己的汽車停在機場停車場，回家又是五十分鐘。我想洛杉磯的治安算得好。如果在台北，把汽車停在台北車站廣場停車場，經過三天兩夜之後，不知車子會成甚麼樣子？

我們在飛機場看飛機排隊起降，秩序井然，利用一分一秒的時間。想起美國事事都依次序排隊，上銀行、上郵局都在離櫃台兩三公尺排隊。待櫃台前那人辦完事之後，由前面的人補上前去。有排隊就有好秩序，辦事就快，成了習慣就沒有插隊的黃牛。台北火車站年節買火車票，籃球場買入場劵都有排隊，但隊伍都直達窗口，窗口便擠了大堆的人，大部份是黃牛。鐵路局也曾整頓秩序，讓窗口只有一人，後面的離開三公尺，秩序非常好，隊伍前進速度奇快，因為沒有黃牛。我又想到要求秩序好，速度快，不是沒有辦法，最主要的是主持人不能支持黃牛，更不能參加黃牛的行列。

金門公園

▲金門公園：冬天的黃葉

如果有朋友去舊金山旅行，我要告訴他，一定要抽出時間到金門公園走走，到了金門公園才會瞭解舊金山的公園之勝、公園之美，不會失望的。

金門公園在舊金山市的東西中心線之偏北，自市西的太平洋海岸邊起，成長條形的方塊，一直向東，差不多到達市區的中心。公園南北方向寬八百多公尺，拿台北市來比，好像松江路上的民權東路到南京東路；東西方向長約五公里，好比台北的總統府廣場前一直伸展到羅斯福路六段、景美溪。公園的南、北、東三面都是密密麻麻的街路人家。這麼一個大公園在都市的心臟地帶，為舊金山市不知增添了多少活力和生氣，眞是舉世無匹的大手筆。

公園外，北面是 FULTON 路；南面是 LINCOLN 路，平而直的六線大道。雖然公園南北都有五十多條街路，要進入公園的路却不多，只不過八九處而已！而且都不是直通而過；進了公園之後，左彎右拐的才得出園。比如說，南面進公園的大路，一條是十九街，進了公園之後，轉到北面，出得園來已是位於十三、十四街的公園要塞大道，直達金門大橋；或繞至公園北面的二十五街。另一條是日落大道（一百公尺寬）過橋進入公園來，却成了東西向的兩車道的小路，要繞圈子才出得公園的北面。公園北面是沒有日落大道的。

一百年前有人提議建設公園時，大家都以為寒冷乾旱的海風，時常移動的沙丘，誰敢相信樹木能種得活？種子能夠生長開花？可是經營公園的人，先把給水灌溉系統做好，有水，草木便能種活，草木種活了，沙丘地面便能安定，經過不斷的努力，才建成今日規模宏偉的金門公園。

公園內有山有水，有花草樹木，道路交錯，可以行駛汽車。但每逢星期假日這些道路對汽車關閉，專門爲騎脚踏車，騎馬，溜滑輪，和步行的人們使用。大體上說來園內還算平坦。二三十公尺高的小山，點綴其間，山上有兩三人合抱的成林古木，人行小徑縱橫在林野之間。開闊處是如高爾夫球場一般，又像兩寸厚的碧綠地毯似的草地。這些草地柔軟美觀，更可愛的是這公園和別處不同，草地沒有圍籬，沒有「遊人止步」的牌子。他們不禁止遊人踐踏草地，遊人和孩子們可以在草上翻滾遊戲，可以合家大小在上面野餐。只有一處例外，那是在SPRECKELS湖西南面，RHODODENDRON DELL 那包圍著 Mc LAREN 先生銅像前的一片草地，人們是爲了對這位艱辛建造金門公園的工程師的尊敬。

雕刻和塑造的人像到處都是，都是藝術品。在大路旁的一座是第一次世界大戰時的勝利大英雄潘興將軍。但只穿著普通士兵的軍服，校尉級的斜皮帶，並不足以顯出他赫赫大功的大將氣派，但莊重的眼神却似慈祥。在GARFIELD總統銅像前，我請兩位女遊客爲我夫婦照相，也請他們合照留念。問他們誰是姐姐誰是妹妹？在我的眼中，分不出她們的大小，好像是雙胞胎似的。可是她們，這個叫那個做安娜，那個叫這個做媽媽！這使我們都十分驚奇！母女倆竟長得像分不出大小的姐妹！她却笑我們沒有眼光。這是我一生中眼光最差勁的一次。

公園東南角有一個圓形的體育場，看台牆高十多公尺，一共開了二十七八個大門。這體育場主要的是爲了本地學校的足球隊而設。但很多體育活動如職業拳賽等，也在此舉行。

日落區第七街有條小路可以進入園內。樹林中有一大片草地，是兩個相連的棒球場，可以兩個球場同時打球。往東北去是網球場，這球場普通是免費的，星期假日上午九時以後，來打球的人多，便要收費以示限制。平時打球的人都是邀約好的熟朋友。當然在體育活動的場地上是最容易交到知心朋友的。

園內有幾處兒童遊戲場，用木料做的各種設備，免費供給孩子們去玩。有的地方鋪上細沙，有的鋪人工草皮。一處靠近小山，很多孩子拿著紙箱的厚紙板，放到山上坐著紙板溜滑梯似的溜下山來，然後又興高彩烈的拿著紙板再上山去，很多孩子却坐在紙板之外，弄得滿身都是泥灰，却樂此不疲。孩子們多由家長帶領著，有些地方，孩子們在玩，家長們坐在旁邊的木造桌連椅，休息或吃點心飲料，聊天和晒太陽，大家都樂在其中。

公園內道路多數可以騎脚踏車和溜滑輪，這是運動，也是遊園的一種方式。青年男女們可在公園門口的街上租到。脚踏車有三速度五速度十速度的不同，也有前後雙座位，溜輪也有各種尺寸號碼，供人選擇。可租幾小時或整天。公園裡面大而且靜，有山有水，有花有樹，好玩得很。青年男女們在星期假日邀朋約友，到公園裡來，愛到那裡就到那裡，愛玩什麼就玩什麼，享受青春美好的時光。

網球場北面是種花的溫室和苗圃。白色圓頂的溫室，展出各種花卉。溫度調節溼度調節，栽培之外還做交配育種和研究工作。我稱他們是最快樂最幸福的人，整天都和美麗的花朵爲友。各種顏色、各種姿態的菊花，都長得人面那麼碩大，肥、壯、嬌、媚，可愛之至。外面花圃廣場又一大片一大片盛開的五顏六色的花海。漫步其間，心曠神怡，不知今世何世，但知美觀與暢適，以爲到了桃花之源了。一處一畦畦的育苗床，栽種小棵的不知什麼花？泥土都先經過整理，加了些肥料和恰當的水份，鬆鬆的像是染了顏色的米飯。等他們種完之後，我向他們要了剩下的幾棵幼苗帶回家去種，以後也開了花，只是沒有他們的好。

公園南面第九街的門進去，路左面的是花房，似乎是管理單位，沒有什麼花好供觀賞。往北走是小巧精緻的莎士比亞花園（GARDEN OF SHAKESPEARE'S FLOWERS），他們說這裡的一草一木、一花一苗都曾在莎翁的散文和詩篇中談到過

▲金門公園自然科學館大門

，花木後面磚牆上刻有花木的名字，可供遊客對照。園中存有莎翁半身像。

金門公園中科學館、藝術館和日本茶園這三處是要收費的。其中科學館和藝術館收藏的東西實在太豐富了，十分有價值，值得一看再看，甚至百看不厭。但是每月的第一個星期三却是免費參觀。這免費公開的日子裡，成群結隊的中小學生，以及沒有上班的媽媽們携著孩子都來參觀。老師們按著實物和標本爲孩子們一一解說，指定孩子做筆記和照相。這三處和露天音樂台相連在一處，差不多成了金門公園的心臟地帶。

科學館是由美洲館、非洲館、水族館、天象館、人類學館和動物園合成的，在大門口，有一金屬製造灰黑色的大恐龍骨骼模型，頭上伸高十五英尺，又長又大的尾巴拖

▲金門公園自然科學館裡的標本：羊

在地上。他們說這恐龍在一億三千萬年前活在今日的美國猶他州。這些考古的事情，信不信由你。差不多所有的遊客們至此地都先和這恐龍模型照張相，然後進入大門。大門廳及左右廊房有出售明信片、紀念品、圖片、資料的服務台和辦公室。院子裡的噴水池中有海豚戲水的塑像。室內有活的鱷魚群、蛇、龜等動物，其中一條兩頭蛇極爲名貴。蛇身是黑色中帶有棕褐色的條紋，兩三尺長，頭只有男人的大姆指大小。兩個頭都是活的，都能吃能喝，四隻眼睛都有神。一九六九年於舊金山北面五十英里的 NAPA 地方得到，算起來已將二十年了，看上去却還是條小蛇。可見講故事的說五百年一千年的大蛇，是有可能的。NAPA 這地方盛產葡萄，多酒廠。這兩頭蛇不知是否吃葡萄長大的？

▲金門公園自然科學館裡的標本：鳥

美洲館和非洲館收集哺乳動物及鳥類，和它們棲息的窠穴一起陳列。幾十櫥窗的動物標本，一群水牛一般大的水鹿，黃牛一般大的多角鹿，要不是它的角成多枒杈狀，我幾乎以爲是水牛、黃牛呢。站起來的狗熊有兩個人那麼高，露齒猙獰的笑，頗爲嚇人。各種鼠類，大的如貓，小的

▲金門公園自然科學館裡的標本：熊

如雞蛋，也有飛鼠。各種鳥類。一只大鳥，張開翅膀足足有三四公尺寬，抬起頭來，有一層樓高。群居的鳥家族，獅虎狼狐、河馬海豚，大的小的，長的扁的，有認得出的，更多叫不出名字來的，各類標本，豐富極了。這些橱窗的布景，前面是鳥獸和土石草木，到後面去却是用巨幅的油畫連接，不認眞看，幾可亂眞。一處展出以乾河床的水坑處群居的動物標本，長頸鹿、斑馬、角鹿、小羚羊等，一種小羊極爲可愛，說明是叫做狷羚。站在略遠處一看，連同油畫、景深之遠，有如看非州野獸的電影一般。

這裡的水族館是有名的，有很多標本，有更多活的水族，大的小的都有。小的飼養在牆壁前的格槽，大龍蝦，蟹、鱟，載沉載浮的水母，可以用手去摸摸的活海參，使人覺得有眞實感。海底壁畫，配合各種色彩的燈光，和水族原棲居的角落一般。

游泳池般透明池壁半月形的池裡，三四公尺長的鯊魚、小鯨魚、海獅、金鎗魚、鮭魚，成群的，此去彼來。水在流動，魚在浮游，而且穿插翻身轉動，使人眼花撩亂。觀賞的人們可坐可站在月形池內彎的五六層幾百座位有厚坐毯的長坐椅上，好像身處水中和魚同游一般。這房子裡青年男女同坐觀魚，相親相愛，可能會有恨不得兩人都化身爲魚，在池裡陪伴著度過一生呢！游客們要坐多久，就坐多久，直到恢復了體力，看魚看夠了之後才走。

天象館有模擬的天象，可以找北斗星等，有太陽系，也有外太空的景色，有天文望遠鏡讓好奇的孩子探望天空的神祕。有一處裝了一部大型的電視機。主播說明舊金山市在歷史上曾經有過恐怖的毀滅性的地震。那時候，天搖地動，十分怕人。遊人正在傾耳細聽，腳底下的地板眞的左右搖擺，上下抛動起來。我在台灣曾經歷過地震的場面，如今在這科學館又逢上如此強烈的地震，心想這下糟了，正在設法找尋安全的避難的地點，還未來得及逃走時，地板却漸漸平靜下來。電視上繼續播出在舊金山街上發生的災害，房屋一棟一棟倒塌下來，壓壞路上的汽車和行人，地面裂開，引起大火災等等驚人的情況。不可思議的是一長棟樓房和圍牆，地震把地面前後移動，樓房雖未倒下，可是已經前後切斷移動，彼此相差好多尺遠了。接著主播又介紹地震時該怎麼做？平時如何預防等事項。眞是身臨其境驚心動魄，印象深刻。大約半小時之後，它又重來一次，地面也搖動一次，這種社會教育，很有意思。

人類學館設有一處室內的原始鄉村的模型。我看這是已經進步到了部落的形態，並非很原始的了。所有的人物、禽獸、房舍的大小顏色都和眞的一樣。有些人有東西遮體，多數人全身裸露。有群居的家庭，女人已有務農的技能，種有糧食，「屋」旁種菜，而且也餵養猪和狗，也會編和織造布匹。男人則帶著狗出去打獵或捕魚。有簡單的木和竹造的房屋和獨木舟。有駝鳥、駱駝、綿羊、和野獸，也掛著獸皮和植物種子。看來已進入農耕社會的初期。

有一館陳列各種礦物、結晶，也有化石的標本和圖片，有火山的切面模型。

藝術館（THE M.H. de YOUNG MUSEUM AND THE ASIAN ART MUSEUM)和科學館相距二三百公尺，遙遙相對。館的中間建築是高一百三十四尺的方塔，進入大門來的大廳一角是管理的櫃台。濶大的走廊上陳列著一座眞人一般大小的白大理石雕像，是伊甸園的少女夏娃，裸露上身，兩眼注視著手上的蘋果，眼睛和臉上現出純眞而略帶欲念的表情，脚旁邊有一條蛇，兩眼流露出猙獰似笑非笑的兇光，線條細膩極了、美極了。這座聖經故事的藝術品，實在太好了。我拿出照相機來，但爲管理人員所阻，說是藝術品之前禁止照相。除此之外，還有不少與人同大小的人體雕像，好些是希臘神話故事裡的神仙人物，不能照相，實在可惜。

一具木乃伊放在走道旁，全身用淡黃色的麻布精細包裹，在臉的部位上畫著大眼睛、鼻子和小嘴，一點也不恐怖，也沒有別的氣味。

藝術舘東廂樓上樓下收藏展覽著歐洲美洲非洲的藝術品。由古埃及、中世紀文藝復興時代至近代的繪畫和雕塑，大大小小幾千件，可惜我對這方面沒有研究，很多名畫家的名字也叫不出來。米開蘭基羅、畢卡索等的作品都不能辨認。如入了寶山空手歸。

西廂陳列的亞洲的藝術品，繪畫和雕刻，尤其是佛像雕刻得極爲精緻。五六千件，包含了上下五千年，是亞洲藝術品的寶庫。一塊白玉上細刻我國晉代右將軍王羲之書寫的快雪時晴帖。這帖的眞本在台北外雙溪故宮博物館珍藏，時有展出。這塊玉刻是照原帖的大小刻的，也很能顯出王右軍的筆鋒出來。這塊玉的背面刻著中國清代乾隆皇帝御筆書寫的對聯，「龍跳天門，虎臥鳳閣」等幾個字。也有中國明代仇英畫的扇面，畫的是竹林七賢圖，他們七個隱士在竹林之下喝酒清談。

對藝術、繪畫，雕塑有興趣的朋友，在此消磨一天不能算多，或許看了還想再看。

藝術館前面大路旁有兩尊銅像，一男像全裸，性器官被人摸來摸去，摸得發亮。

露天音樂台在科學館和藝術館兩大建築物之間，一半是樹林，一半有坐椅。中間的大道上有噴水池。音樂台的建築精美，它本身就是一件大藝術品。曾在電影上出現過多次，有人說，暑假的時候，星期及假日的下午二時會有樂隊來此演奏。

沒有樂隊演奏時，我曾見到青年男女們坐在台階上彈吉他，吹口琴。演奏得夠水準時有遊客自告奮勇，站在他們旁邊引吭高歌，互相唱和，也有人隨興之所至上舞台去大跳其舞。要彈奏多久、唱多久、舞多久，都隨各人自便，要來就來，要走，擺擺手說聲

▲金門公園露天音樂台

謝謝和再見，拔腿就走，好得很，快活之至。

如果坐在椅上晒太陽吃點心，一群鴿子和八哥，便在身旁窺伺。把麵包撕成黃豆那麼大小，向上一抛，那鳥兒會表演它的身段絕技，麵包還在半空中，它便快飛前來，劫撈而去，百試不爽。在那椅子上餵鳥也是件樂事。

▲金門公園的佛像後有光環

露天音樂台西面是日本茶園。有人以為茶園要收費沒有道理；也有人以為要維持園內精緻和細膩的風景，收費又何妨！何況每月的第一個星期三都開放免費參觀呢！

茶園面積三英畝。早先是一位澳洲人設計，但為一日本家庭經過三代的不斷努力建設而成，富有東方和日本風格。其實沒有種甚麼茶樹，只有一間茶室，有日本女人賣茶和點心，可

▲金門公園的日本塔

以品茗。一間紀念品店也是日本人經營。園內林木叢叢，曲徑通幽，綠蔭蓋地。散步其間，非常舒暢。尤其是暮春三月，櫻花盛開，滿樹嫣紅，人見人愛。鮮紅的木造二層的大門樓，築在當道，東方的燈籠列在路旁，七層紅色浮屠寶塔在大門樓後面，不知是否藏有佛陀的寶典？在翠綠叢之中，顯得鮮艷無比，充滿了喜氣洋洋的吉祥感覺。月形的木橋，通往兩層樓高阿彌陀佛的銅像，佛陀身後是一輪光環。有些樹葉形狀像楓葉而小些，冬日裡沒有變紅，却是滿樹黃葉，黃得鮮艷可愛。小溝清水潺潺淙淙的流，頗增情趣。

STRYBING 樹林，據說有來自世界各地的五千多種不同的樹木。

金門公園中心有一個人工湖叫 STOW

▲金門公園湖邊

LAKE，長四百餘公尺，中間是二十多公尺高的小島，有兩三道橋到島上去，島頂上有一水池。仔細觀察這山頂水池的水，是把湖水抽上來，由島頂像瀑布似的流到湖中去，增添了風景，也在無形中在流動的瀑布中吸取了空氣中的氧氣，使水更爲鮮活。在島頂遠望，西向可看到太平洋；

▲金門公園內，台北市長李登輝、台北議長林挺生贈建的中國亭

北面能見金門大橋高聳的紅色鐵架；往東灣去的海灣大橋的雄姿也顯在眼底。湖的水道有一公里長，所以在湖北岸設木碼頭，遊人可以租船。船有單座、雙座，有划船、脚踏船、摩托船等不同，爲遊人增加不少遊船的趣味。似乎脚踏式的船更爲男女青年人喜愛。

湖旁小徑上有一紅柱綠瓦斗拱飛簷的金門亭，是純中國式的建築。十幾年前台北市長李登輝先生和議會議長林挺生先生捐建的。爲金門公園的湖光山色增添了一點中國式的東方優美色彩，是國民外交之一；可惜這建築的施工品質不夠要求，屋瓦會脫落。據說曾修過，也沒有修好。於是有心和中華民國過不去的人，趁此在前往金門亭的小路上放了木馬，掛上牌子，警告遊人，不要停留路上，因爲屋瓦會脫落。看了之後，令人傷心。而且這木馬和牌子也放了幾年，令人更爲傷感。

公園西端的叢林中有一很大的金門公園體育場，沒有看台，足球場橫著在西端，只佔一點點的地方。由這頭看那頭的人都成了手指般大小了，總有五百多公尺罷！四周是三公尺高的土堤，堤頂可以跑馬。大公園裡的大體育場，眞是大手筆，讓人欽羨。

公園裡散佈著十個大大小小的人工湖，有湖就有水。有兩湖可租船遊湖。在美國，有湖水就有水鳥或野鴨子。這些野鴨就是台灣認爲補品的紅面鴨。補身而且退火氣，當然美味可口。這些鴨子全身羽毛油光發亮，成群成隊全不怕人，逍遙自在，到處覓食，吃草花，吃蟲，吃人們飼餵的食物。雄鴨虎虎生威走在前頭，更可振翅緊貼水面直飛對岸；雌鴨們則帶領鴨子跟蹤而去。有些水面散佈著水鳥，此起彼落，在水面、在地上，點點斑斑，像是燒餅上的芝蔴。野鴨和水鳥都是受保護的野生動物，不受人們的侵害。美國人的守法精神和公德心，是值得稱道的。

大運動場西北角是野牛欄。不知道有多少野牛？肥碩雄健，在樹林中出沒。我們在圍欄外遠遠的觀望，那些野牛也睜著大牛眼看望我們，互相欣賞。

野牛欄西南是馬房。養著幾百匹好馬，照顧得很週到。遊客如果看中那匹，可以租用。公園大，騎著馬巡遊全園，觀賞各處勝景。可以和心愛的人，各騎一馬，一前一後，或並轡而行。如果騎術尚未精通，可請一嚮導隨行照料。也有馬車出租，自己駕駛，也可請嚮導服務。在名園中騎大馬遊山玩水，確實逍遙舒服，是人生的享受。

市立高爾夫球場在更西端。射箭場在其北角。

金門公園西端面臨海潮洶湧的太平洋，南北各有一座風車。人們說兩座有甚麼不同之處？在我看來是和故事書上荷蘭風車的插圖相似。可惜都不太靈活，沒見它轉動過，但外貌風姿不錯，很得遊人的欣賞。

金門公園是集風景、遊樂、運動、音樂、文化、藝術的大公園，可以給人看熱鬧，也給專家學者做研究。來到金門公園西面，也應該到太平洋海岸岩石上坐坐，看看海，海的那邊是我們的山東青島，我們的家。

▲金門公園藝術館內雕像

舊金山的公園

舊金山市內公園之多而且大，在全世界大都市中都是名列前茅的。市郊的名勝風景又到處都是。在台北住久了的人，覺得這正是我們需要的，是我們缺少而又無法得到的。

這些公園有數種不同的名稱。如公園（PARK），廣場（SQUARE)，遊樂區（RECREATION AREA，RECREATION CENTER）等。在我看來都是公園。似乎廣場多是在鬧區中的小塊公園。

遊客可在馬結路POWELL的舊金山訪客服務中心（SAN FRANCISCO VISITOR INFORMATION CENTER）找到各種旅遊的資料。

有人介紹舊金山十個名勝：

一、漁人碼頭。二、纜車。三、中國城。四、金門大橋。五、惡魔島。六、聯合街。七、九曲花街。八、SAUSALITO 小鎮。九、電報塔。十、金門公園。

有人對初訪舊金山的人提出「四十九英里觀光旅行路線」。這旅程中，街路旁立有一枝特別的海鷗圖案標誌，便是名勝的一站，值得下車欣賞。

一、VENNESS 街。有很多優美、精雅的櫥窗。

二、聯合廣場。鬧區裡的購物中心。

三、中國城。

四、北海灘（NORTH BEACH），舊金山的意大利社區，夜生活中心。

五、電報山（TELEGRAPH HILL），山上有高塔。

六、小船休閒基地（MARINA），是海邊放風箏、溜狗、慢跑、日光浴的好地方。

七、美術館（PALACE OF FINE ARTS），國際展覽場，著重科學和工藝方面。有劇場，文化和娛樂方面的活動多在此舉行。有理化實驗室，可以由自己下手去做中學程度的實驗。

八、要塞公園（PRESIDIO），這是六平方公里的要塞區，在市區北端，面對金門灣的入口，有二百多年歷史全舊金山最古老的磚房。平時開放，爲民衆休閒活動之用。

九、林肯公園（LINCOLN PARK），在市西北角海岸。因位處海灣入口之尖端，所有樹木長年受凌厲、永遠是西向的強風侵襲，枝幹都一律向東方傾斜生長，形態蒼勁。有十八洞的市立高爾夫球場和美術博物館。

十、海濱公路（GREAT HIGHWAY），在金門公園西端和太平洋岸邊。經懸岩屋和海豹岩等處。

十一、動物園（SAN FRANCISCO ZOO），位於海濱公路之南端，LAKE MERCED之西北角上，是老幼皆宜的，在美國各都市之冠的動物園。

十二、金門公園（GOLDEN GATE PARK）。

十三、多老教堂（MISSION DOLORES），是十八世紀的古老建築，印度藝術裝飾的天花板，鐘及聖壇是來自墨西哥的古物。當年舊金山拓荒者的墳場也在此。

十四、富利大厦（FERRY BUILDING），是世界貿易中心和地質展覽會場。

上面的次序是由市中心開始出發，逆時針方向經太平洋岸邊環繞一圈，全程共四十九英里，把舊金山的名勝風景都粗略的看過一遍。有旅行社辦理這樣的市區旅行業務。

在舊金山南聖荷西附近的山和海有一處名勝，被稱爲「十七英里路線」（17-MILE DRIVE）。有山林、有海岸。

在不到二百五十平方公里的市區裡，舊金山有五六十處公園，還有好些公園預定地。這些公園中，市西南的梅西湖公園（LAKE MERCED）最大，連同湖水面積有六、七平方公里。拿台北來比，就好像由新生南路、松江路往東至光復南北路，與信義路民生東路之間這麼廣大的區間。要塞公園（PRESIDIO）約六平方公里；金門公園（GOLDEN GATE PARK）約五平方公里。面積在一平方公里以上的有林肯公園（LINCOLN PARK）和馬克拉林公園（Mc LAREN PARK），看得我們好羡慕好羡慕。（一平方公里是一百公頃，或一百零三甲地。台北國父紀念館的中山公園（及小學）約十六公頃，中正紀念館公園約二十五公頃。）

電報山（TELEGRAPH HILL）在市區東北角，中國城北面四五條街。是一個不到三百英尺高的小山，汽車可以上去，也有好些人安步當車，攜伴而行。山頂建一高二百十英尺的白塔，俗稱電報塔（COIT TOWER）是一位名叫 LILLIE HITCHCOCK COIT 小姐捐建的。因爲四周都是矮房子，顯出這座白塔像鶴立雞群似的，矗立於海岸碼頭後面。在山頂俯視海灣中來往的船隻。我見到長榮輪船公司的貨船，堆滿了草青色的貨櫃，心裡實在舒服得很，像是見到鄉親一般。不知從台灣載了多少貨物？賺了多少鈔票？雖然船上的人不會知道岸上有人爲她到來而歡欣！這山其實比市內不遠處的高樓頂還低些，但因在鬧區裡的高地，視界廣濶，海灣中的惡魔島就在腳下一般。金門大橋，對岸的別墅小鎮、天使島、海灣大橋金銀島，還可以看到東灣好些地方。

電報塔在舊金山似乎和金門大橋、纜車齊名，她的形狀像救火車的水管噴嘴。因爲當年COIT小姐捐建這塔是爲了紀念市裡的志願消防隊的。塔內牆壁上描繪了很多先民們在加州開天闢地墾荒，發展農業，種植農作物和秋天豐收的圖畫。

雙子峰（TWIN PEAKS）位於全市的中心。在舊金山市內最高的山是九百二十七英尺高的MT. DAVISON，其次便是這雙峰相連的雙子峰了。分別高九百一十英尺和九百零四英尺。雙子峰雖然略微低了一點，但因面臨鬧區，而且山頂闢爲公園，卻成了觀光區。山南山北都有路可上山頂。如果曾到舊金山市和灣區各地瀏覽過，站在峰頂公園廣場上，登得高望得遠，不單市區內一覽無遺，西面的金門公園、太平洋，北面的金門大橋、要塞公園，東邊群集的碼頭、海灣大橋，對岸的別墅小鎮，海灣裡的惡魔島、天使島、金銀島和東灣的柏克萊、奧克蘭等整個灣區都在眼底。黃昏夜晚，看罷太平洋上金碧輝煌的晚霞之後，回首市中鬧區，全市精華的馬結大街，由半山下到平地，由同性戀區的惱伊街起，像一條火龍，光華燦爛的一直往前闖至海邊，那些高樓群活似火龍大頭，極其雄偉壯觀。

懸岩樓（CLIFF HOUSE）建在金門公園西端畧北的太平洋海岸的懸岩上，離海面四、五十公尺。現在的樓房是長方形五、六層，外觀富麗堂皇的西班牙式建築。這樓近百年來，曾數度慘遭回祿。由於海岸岩石風化快速，樓前人行道在岩前設有護欄，有「不可越欄」的警告牌。因爲岩下就是海濤，眞有好奇的人會跨出欄外去照相呢！一處欄杆向內移，因爲突出的岩石已有三、四公尺長，四五公分寬的裂縫。也不知道這片石岩還能留住多少時候？

室內展覽各種電動模型，民俗鄉土都有。也有投幣式的電動玩具，大人孩子們多玩得樂此不疲。也供應冷飲和紀念品。樓外街路旁建有幾間小屋和攤販，都是吃的和紀念的東西。一位九十公斤級戴大巴拿馬草帽的中年婦人，賣孩子們的項鍊，也和遊客照相留念，也是她的推銷方法。

海豹岩（SEAL ROCKS）在懸岩樓前二百公尺的海中，大小五、六個，突出海面不到十公尺，大岩也不過棒球場那樣大吧！在隆隆的海濤聲中，可以聽到「鬨鬨」的海豹吼聲，吼什麼？不知道！用望遠鏡可以看得很淸楚，那些大小海豹，小的只有貓這麼小。或是躺著曬太陽，或交頭接耳，有跳下海去的，也有爬上岩來，過著它們自由自在的團體生活。海豹之外，也有海鷗。可見美國保護野生動物之成果。更可貴的是把這觀念深植人們心中，把這件事認爲

「當然」。站在懸岩岸上的人居高臨下，好像遊動物園一般。

懸岩之下雖然波濤洶湧，捲起千堆雪的令人恐怖，但南面二、三百公尺卻有一片淺海沙灘。退潮之時，一片潮溼的細沙，時常吸引青年男女光著腳在上面嬉笑漫步，讓淺淺的海浪蓋過他們的腳板。

蠟燭台公園（CANDLESTICK PARK）在市東南海邊。是尚未完全開發的遊樂區。現有一體育場。幾層很舒服漂亮的紅色坐椅有三、四萬個。沒有蓋頂，有夜間照明。場內綠色草皮保養得很好。每年四月至九月打棒球，冬天是足球季。

球場實在大，看球賽只能湊熱鬧看場面，眞要看比賽便要携帶望遠鏡。美國賽球，是可以賭錢的。棒球也罷、足球也罷，

▲舊金山蠟燭台體育場內座位

都可以賭，可能還賭好幾個項目。賽前下注，場內看球。如何賭法？我可不懂！大球賽中，比賽的詳細情形，雖是親眼所見，還是不太精確，還有賴收聽收音機的廣播。所以看球賽、賭球的人，都要帶望遠鏡和小收音機。一面用眼睛看，一面用耳朵聽，緊張刺激，還情不自禁的用嘴吧大聲吼叫，才能盡情痛快。球賽結束，勝負已分，賭錢贏輸已經蓋棺論定。收拾球場的工作人員，常可在場內拾到三、五千個小收音機。因爲賭贏了的人，這七八元一個的收音機不算什麼；輸了的呢！再多的錢都賭輸了，也不在乎這麼一點。可以斷定的是那被摔得破碎的收音機主人八成是輸家，一肚子的氣全貫在收音機上。這些收音機多自台灣來，所以每賽一場球，台灣可以做一筆收音機的生意。

體育場外路旁有一長排幾百間小房間，和台北街頭的公共電話亭相似，那可不是電話亭，是廁所。場外一大片廣場都是停車場。

由體育場到舊金山國際機場已經很近了，只要十幾分鐘的車就可以到達。

漁人碼頭

到南京去旅行的人會去逛夫子廟，去舊金山旅行的人應當安排時間去漁人碼頭。

舊金山北面海灣衆多碼頭中，漁人碼頭是老少咸宜好玩的地方，一般人的心眼裡，「漁人碼頭」常包含在漁人碼頭附近幾個值得一遊的地點，如巴克魯沙、州立海史公園、海事博物館、水上公園、製罐工廠、基雷得利廣場等。

到漁人碼頭去玩，最好是坐老古董的纜車前去。在馬結路的 POWELL 站的兩路纜車都可到達。如果坐 HYDE 那路纜車，到達山頂上的 LOMBARD 路那站可以先下車，看看那市區最陡的街路，鮮艷嬌媚的九曲花街。在山頂遠望，可以看到市區電報山上的高塔和海灣裡的惡魔島，風景很好。九曲花街是 LOMBARD 路的一段，由山頂往東下山坡那二三百公尺長的路，因爲坡度太大了，汽車無法上下，爲了緩和坡度，於是聰明的人想出辦法，在這段陡峭的坡道中，用「之」字形的彎來拐去，把街路的路線延長，坡度平緩了，汽車可以慢慢的下坡。自然，街路的寬度小了很多，成了下行單線的單行道，不讓汽車向上行駛，人行道是一級一級，一階一階的一公尺寬，留在街路兩旁，緊靠著房屋。南面北面的路彎那些地面卻種了四時不謝姹紫嫣紅的花，構成一個特殊風格的風景區。這利用自然適應特殊環境做出來成了舊金山市區裡的名勝，供人觀賞，而且解決交通困難的手法，是十分值得鼓掌的。

乘坐MASON路纜車經過中國城西面，也到達漁人碼頭附近。

到漁人碼頭去玩，最好是和家人，或三朋兩友同行，一步一步、一處一處的信步走去。隨興之所至，走到那裡、看到那裡；走到那裡、吃到那裡；看到精奇小巧的合適的東西、合適的價錢，不必馬上就買；除非是小件的飾物，可以放在袋子裡，體積不大也不重，隨身帶著也不妨走路遊玩的，就買了吧！否則，記起地點和商店，要回家時再買也不遲。有一點要說明的是，這個地方冬天裡的海風大、寒氣侵人，除了多穿一件衣服外，年長的或許加戴一頂帽子也不錯。能在適當的地方，飲一二杯不濃不淡的加州葡萄美酒，剛出鍋的大蝦猛蟹也是熱身壯氣的好方法，細嘗慢酌，其樂無窮。不過，請記住，漁人碼頭有的是物美價廉的海鮮和好酒，在一個地方吃喝，只要略爲點到爲止，後面還有很多可以去品嘗呢！如果一地就飽了醉了，豈不可惜。

▲漁人碼頭的古董纜車

漁人碼頭這一帶是繁華熱鬧的遊樂地區。到惡魔島天使島和對岸的別墅小鎮等灣內短程航線的班船碼頭也在這裡，可是如果時間許可，最好是遊漁人碼頭定一個時間，遊灣內各島定在另外的時間，不要混在一起，才不會都覺得意有不足。

下了纜車，往海邊然後轉右手方向，走不多遠就是遊漁人碼頭的第一個目標，被稱爲港灣之星的巴克魯沙（THE BALCLUTHA），是浮動的博物館，收藏各種奇奇怪怪的航海的事事物物。

三十九號碼頭是這一帶飲食業和百貨業的發源地，有三個足球場那麼長，幾十家以海鮮爲主的餐廳，上百家的零售商店，兩間小船修護補給基地及海灣公園。

要特別介紹的是這些零售百貨商店。在這裡要用逛公園逛街的方式，慢慢的行，細細的看。這些商店，一間有一間的特色；一店有一店專精的貨品。小男孩的新奇玩具、小女孩的精美卡片，男人早就想買而沒合適的烟斗或鬍子刀，太太們的不告訴人的寶貨，老先生一看就喜歡的厚羊毛襪和有軟毛的獸皮背心，老太太的有蓋耳朵、遮風擋雨的皮帽子。還有小小耳環、靈靈巧巧的手環、手鐲、領帶扣，說不盡的、意想不到的、都是些零零星星、玲瓏透頂的愛巴物兒。說有用就有用，說好看就使人愛不釋手。東西這麼多，款式這麼齊全，由人精挑細選，貨眞價實，人人滿意。有玉的、有石的、有金的、有古銅的，有世界各地來的百貨精華。還有台灣來的景泰藍，仿象牙的中國古獅，可以亂眞新型古董、古畫，使我一見如同見到老鄉般的親切，因爲以前我曾做過這些貨物的外銷生意，沒想到在漁人碼頭三十九號碼頭見到。

小船修護補給基地提供船位爲停泊之用。可以租船作海灣遊覽，教授玩水衝浪、駕船、釣魚。

五英畝寬的海灣公園是供遊客們由忙亂興奮的百貨商店出來之後，改換環境，欣賞周圍海灣寧靜的景色。

三十九號碼頭、漁人碼頭等處有不少音樂家、街頭藝術家、變戲法的，也有深水潛水的特技表演。

漁人碼頭（FISHERMAN'S WHARF）、罐頭工廠（THE CANNERY）、基雷得利廣場（GHIRARDELLI SQUARE）這三個地方是相連着的。行人道旁的海鮮攤子，蒸汽大鍋，海鮮餐館到處都是。鮮猛大蟹的生產旺季是在十一月至次年的六七月。在路旁就由人選擇熱氣騰騰的蟹糊或龍蝦糊，一元一碗外加小餅乾數枚，又熱、又鮮、又甜，可坐在板櫈上趁熱大口大口的喝，也可以一面吃一面細談世故，或佐以小杯紅葡萄酒，喝得身上發熱。也可以向街邊透明的蒸汽櫃中指定要那隻肥蟹，買來坐在路邊用手指慢慢的輕輕的剝出肉來品嘗。如果得到靠窗的桌子，那麼，在桌子的樓板下面可能就是漁船。吃的都是公的，留下母蟹要傳宗接代呢！

抓龍蝦用的是內外兩重透水的籠子，內籠口大尾小而且小尾可開可合。把餌放在內外籠之間，蝦由內籠大口進入，那有彈力的內籠尾，蝦是只能進，無法出來的。抓蟹更簡單，用大約八倍大的普通抓老鼠的鐵絲籠，開小口，放餌籠中、蟹橫著身子從小口進去，再也無法出來。在舊金山北灣當大蟹盛產的季節裡，把籠子放進海水裡去，不用多久，一刻鐘吧，大蟹就進籠了，提起籠子，抓著出來的都是鮮猛大蟹。但是可不能大小通吃，因爲碼頭上入口處，政府有告示規定，硬殼蟹體長四吋半以上的才可以撈捕。非盛產期也可以撈到蟹，但鮮味便差些了。有人說舊金山灣區是餓不死人的。廣東老鄉，越南華僑不少是此地的釣客。他們不單釣蟹，不產蟹的季節，金線魚，鮭魚都很容易上鈎。

在海岸邊的岩石上，有些男男女女相離不遠的坐著，拿著吉他，輕輕的彈著，唱著，好像是對著蔚藍的海水訴說不便出口的心事。夕陽的餘暉側面照著他們的臉，紅紅的紫色的像是醉了，可能是陶醉，也可能眞的醉了還沒有醒來。或許他們希望眞的就此沉醉吧！不要再醒來。

街頭一角有三個衣著整齊的年輕人，面對樂譜架子，用小提琴、吉他、口琴演奏他們認爲的名曲。一曲一曲的演奏，可能是曲高和寡，似乎沒有引起行人遊客的注意和興趣。

一張長櫈上，戴著長毛線帽子的流浪漢，滿臉刻著風霜的烙印，脚左邊的是小塑膠桶，右邊是豎琴。他低下頭撫著琴弦，不知彈的是什麼曲子，行雲流水般的旋律，引起我的注意。記得台北時冠也有豎琴。我曾請那位彭老師爲我彈奏一段她以爲最拿手的豎琴曲，但沒有引起我學彈豎琴的興趣，可是陽春白雪吧，我不能欣賞，但此事我一直記在心裡，因爲還在讀中學的時候，那希臘神話裡就有好多水邊的女神，晚上對著月亮彈豎琴的故事，纏綿悱惻哀婉動人，沒有想到在舊金山的漁人碼頭有這麼一位高手，機不可失，停下來聽他彈奏，一曲又一曲。他向我微笑，說我也可以試彈。於是我便坐了下來，擺出彈奏的姿勢。二兒連忙爲我拍照留念。他說「你也彈一曲我聽聽！」這就難倒我了，我只能擺姿勢而已！接著他搖頭幌腦又彈了一支長曲。可惜沒有帶錄音機，把它錄下留念。臨走時除了和他說再見之外，少不得在他脚旁的塑膠桶裡丟下鈔票。

▲漁人碼頭：大衆豎琴家教彈豎琴

紅磚牆角落，坐著一老鄉親，拉著南胡，是廣東曲的三潭印月。我傾耳細聽，知道他是熟習此道的。他叫我拉一曲玩玩，我也坐下拉了一曲董榕森先生作曲的大同曲，他連連爲我捧場恭維我。走時也在椅子旁的桶裡丟下鈔票。旅行本來就是好玩的，可是在國內，對樂師的樂器，武師的武器可不能這麼輕易動手的。這似乎是江湖規矩。

一間店舖裡有奇特的展出，收門票的。裡面展出的一個女的身高一七〇公分，重二百三十公斤。太重了，已不能走動了，穿著寬大的衣服，臉帶微笑。一個身高二公尺半的瘦子，在普通的房子裡走動會碰著日光燈的。水滸傳裡有一條好漢，人稱「摸著天」，我想此人也當得起這綽號。可是花錢來看這兩個寶，似乎不值得。

一家餐館門口路旁，一排石板上站著四五個約一五〇公分高的，還是孩子呢！深灰黑的皮膚，捲捲的曲髮，眼睛一律注視著餐館大門，伸出一隻手，全身都不動，像是石像一般，比憲兵站崗還要嚴肅，把小孩子訓練得如此，我不覺藝術，也不覺好玩，只覺得殘酷和不人道。

罐頭工廠原是製造魚罐頭的。現在這三層的紅磚大樓已成爲商店、餐館。三樓頂上可以看到市內的高地上的電報塔，海灣大橋和惡魔島。如果在大走廊休息，可以欣賞傀儡戲或滑稽戲。

露天平台上一矮胖、一高瘦兩個青年人表演。主要是兩手丟接三個或四個皮球或鞋、棍棒、火把等等，也表演兩人共丟接六件或七件東西。也表演一個桌球，輕得幾乎沒有重量，體積也小。一件是又大又重的保齡球，這兩件東西相差實在太遠了。第三件是向一位女士借的手提包。他表演丟接這三件東西，精彩得很！他卻滿頭大汗，圍著的觀衆鼓掌，二樓三樓的觀衆也大聲叫好。又騎單輪車，和在車上表演丟蘋果吃蘋果，表情滑稽好笑。表演三十分鐘之後結束。他兩人拿了帽子向觀衆求賞錢。很幽默的說，如果以爲表演得不錯，請丟下一點賞錢；如果以爲表演得不精彩可以在帽子裡拿點錢去；如果給我一塊錢，我們可以拿來當讀大學的學費；如果給我五塊錢，那我連大學都不讀了。結果大家都給了，連樓上的也給錢。一會兒，他大聲叫道，這位老闆賞十元呢！謝謝之聲不絕於耳。

基雷德利廣場(GHIRARDELLI SQ-

▲漁人碼頭：流浪漢表演雜技

UARE）也是一大幢磚房，仿法國式的磚造高塔是這廣場的標誌，原是製造巧克力的工廠，現在也還可以看到如何造巧克力，現在包括了各種商店，有世界各國的貨物，尤其是珠寶、皮貨和刀劍等，極爲齊全。戲院、藝術館，更多的是餐館。戶外餐飲也別有風味。如欲休息片刻，可選擇噴水池旁的板櫈，或在海灣邊的船旁，必能增加回憶的美妙。

街邊角落，藝術家畫家，帶着畫具，幾張小椅子爲人畫像，黑白彩色都有，把人們畫得神采飛揚，生意甚佳。這些畫家，既不像流行的藝術家浪漫的形象，也沒流浪漢樣子，可是畫藝是高超的。

還只是十一月中旬呢！店鋪裡已經裝飾得像過聖誕節一般。聖誕禮物充滿了所有的櫥窗，聖誕歌曲，空飄瑞雪，莫不爲了聖誕。售貨小姐年輕貌美，打扮得像是天上仙宮飄下凡間似的，頭上帶的是珠光寶氣的皇后金冠，穿的是一套女王新婚時白色蟬翼般的衣裳，背上長了一對會搖動比頭還高好些的翅膀，孩子們都稱她爲神仙姐姐，她也細聲嬌滴滴的爲孩子們選擇玩具和禮物。我稱她是最快樂的天使。她卻說，「爲了吃飯只得如此。」她抬起頭來把眼睛張得好大的說，「這套行頭，剛穿半小時還滿新鮮有趣，到下午下班時，我便考慮明天還要不要再來受這個罪過？我沒有高深學問，工作難找，只好裝扮神仙過日。如果你天天面對着同一種動作的聖誕老人；天天對着同樣的企鵝搖頭擺腦做同樣動作；天天都聽不完的同樣的聖誕歌曲；天天都面對同樣的聖誕禮物；天天都面對着孩子們做同樣的微笑講同樣的話。我不知道我會不會病倒？我多羨慕你們有時間到漁人碼頭來遊玩，喝酒、吃大蟹呀！」聽了這些，心裡也很難過，人是爲生而活着的，忍受着吧！

漁人碼頭附近還有州立海史公園（MARITIME STATE HISTORIC PARK）是由五船組成的，海事博物館（MARITIME MUSEUM）和水上公園（AQUATIC PARK）等處，也值得一遊，有些船可以免費參觀，并備有耳機介紹說明，參觀潛水艇是要收費的，百聞不如一見，值得看看。

金門大橋和酒廠之旅

▲舊金山金門大橋

金門大橋是舊金山的標誌，如同紐約的自由神像一般，到舊金山的人多數會去看看金門大橋美觀、偉大的工程結構和優美的風景。

太平洋洶湧的海濤在舊金山市北面衝入灣內，金門大橋就在海水入灣的地方，橫跨南北兩岸。

去金門大橋的路很多。東面的人可走一〇一號高速公路；南面的人可通過十九街穿過金門公園，經公園要塞大道便可到達。大橋南岸是一個公園，這公園和東西三公里南北兩公里的要塞公園相連接。大橋收費廣場設在公園裡面。

金門大橋全長八千九百八十一英尺，橋面寬九十英尺，兩支橋脚伸入海水之中，建造起離水面七百四十六英尺高的鋼塔，兩塔距離四千二百英尺。橋面離海水二百二十英尺，全世界所有的大船、軍艦都可在橋下從容通過。是單孔吊橋，六線汽車道、左右兩人行道。建橋當時是全世界最長的吊橋。橋面成水平、中央微拱，鋼纜自塔頂向中央及岸壁自然飛出，整個構圖形狀之美，集剛柔相濟、均勻對稱而調和，與四周環境十分相配。在力學上美學上都可稱爲上乘佳作。大橋建成之後，在國際工程界享譽之隆，已與埃及金字塔，紐約自由神媲美。

建橋的總工程師是史先生（JOSEPH B. STRAUSS）是偉大的工程師，也是偉大的詩人。

橋是美的，建橋工程是艱苦的。因爲海濤水深而流急，無風三丈浪，且常近乎攝氏十度的低溫，更加時時飄來對面不見人的濃霧，在在都增加工程的困難。

大橋完工半年後，這位總工程師也與世長辭。但他的詩篇和這座舉世聞名的大橋還留在人間。後人爲了紀念他的貢獻，在橋南公園內爲他建了一座全身銅像，供後人瞻仰。這銅像以大橋爲背景，面對舊金山市區，身材挺拔；頭微仰；右手略彎握拳；左手下垂持一長卷；兩脚分開少

▲金門大橋建橋總工程師銅像

許，穩重踏實；兩眼平視，看得很遠，俯視四野，壯觀而雄偉；臉部有縐紋，流露出辛勞、智慧、堅毅又有熟慮的深思。

橋由高鋼塔頂上掛兩根鋼纜，錨定於南北兩岸，橋面和車輛的重量都由這鋼纜承擔。我們只見這鋼纜是兩條線，並不覺得粗大。當年建橋時曾留有一段這鋼纜約一公尺，放在史總工程師銅像旁邊。有說明，這鋼纜約直徑是九十二點四公分。鋼纜圓周就差不多有三公尺，要兩個大人張開雙手才合抱得過。這麼粗大的鋼纜裡面是密密麻麻的不知有幾千幾萬條小鋼纜，外面是一重厚鋼皮包裹著保護着。

大橋的鋼塔、鋼纜，橋身都漆成深的橋紅色，爲的是此地多霧，這紅色在濃霧中的能見度比別顏色好，多年來一直使用這顏色

▲金門大橋和橋的主索

。兩座伸入空際的橘紅鋼塔，在舊金山市區和東灣各地很遠都看得見。我也曾在家門口照相，並以紅鋼塔頂為背景。說起來距離已有六七公里了。

六線汽車道，在南岸收費。兩旁人行道供人行走和騎腳踏車，全部免費。由南岸步行至北岸約需半小時，在橋中回首遠望舊金山市區連雲大廈，及海灣、小島、船隻、海鳥，風飄飄吹衣，颳過臉上，也許雙腳會微顫抖，卻別有情趣。

橋是鋼造的，由於熱漲冷縮的道理，天氣熱時，鋼塔向上伸高，比冬天時要加高好幾吋。吊橋中間不是固定的，大風吹來會左右搖擺。如果大風速度達到每小時一百英里時，吊橋中間會左右擺動二十一英尺之巨，而且還會上下拋動。所以管理大橋的人，當風勢太大時便宣布關閉大橋，禁止人車通行，以免把人車拋入大海之中。

鋼塔鋼纜橋身需要用油漆保護，以免濃霧雨水和鹹性的海風侵蝕。說油漆很容易，做起來很難。想起在半空中油漆橋樑，和飄浮在空中的跳傘部隊的感覺是相差無幾的，不過跳傘的時間短，一會兒便到達了陸地。而油漆的人卻整日家都在空中。而且由橋這端做到那端需時四年，又要從頭油漆下一次了。可以說油漆的工作是連續不斷的。這種工作的人，心臟和體能都得特別強勁，也不能有高血壓的毛病，才能勝任。當日建橋時便考慮到日後的保養工作。所以在七百多英尺的高空中，工人腳踏在直徑三尺多的鋼纜上，而在身腰旁邊左右各有一條直徑一寸多的小鋼纜，為工作人員扶手之用。近年來科學技術進步，油漆的品質也有改良，也許塑膠性的物質可以代替油漆，而且更能耐久。用噴鎗來噴射也許可以代替刷子，使工作簡易而有效。

金門灣的秋冬季是多霧的。霧來時並非把整座大橋全都吞沒。霧有時在塔腳飄浮，把橋身隱去，只留下塔頂在陽光下發亮；有時霧在塔頂流動、有時這端的橋全在霧中，好像神龍見首不見尾的，車輛都開亮大燈穿霧而過。千變萬化，襯托得大橋的風姿更爲綽約美觀而神祕。

橋面高出海水二百多英尺，相當於二十多層的樓高，每年每月都有人來此跳水，他們的目的不是練習游泳，而是一時想不開，自尋短見，想了卻殘生的自殺。也有來到大橋中間，面對空蕩蕩虛無縹渺白茫茫肅殺的愁雲慘霧，覺得與其跳下橋去，葬身龍蝦、鮮猛大蟹的腹中，不如回到現實社會，於是退步抽身又轉回頭的也不乏人。這些自殺的人幾乎都有一共通的特點。跳海的方向絕大多數都在東邊，注視市區，這是當他們在人生最後的階段，內心還是眷戀著人世的繁華，面對燈火輝煌的花花世界，不禁還要多看幾眼，才離人間。似乎沒有人會向西面浩蕩無邊的太平洋的狂濤而跳下。

橋頭有小路可以下到海邊。有一段海岸的路有欄杆。海浪向岸上打來，擊出漫天浪花水珠。在這裡很容易看出「驚濤拍岸，捲起千堆雪。」的情境。幾個人在岸邊垂釣，說是「浪大魚多」，這道理不好懂。果然，只見他把釣桿往後一抛，釣起了一條無鱗有鬚的魚來。我爲他恭喜，他笑說：「還不到一磅呢！怎麼可以要呢！」看他毫不在乎的又丟回海灣去。這點就不是我們中國人「大魚不來小魚來」大小通吃的人所能做到的。他們的道德水準，遵守法令的精神和能力，都值得我們迎頭趕上去。

橋下，海浪的聲音，被呼嚕呼嚕汽車過橋的聲音蓋過。這該是噪音。沒想到汽車過鐵橋的聲音是如此低沈單調，使人厭煩。橋下東側，有一間比半個足球場大些的三層四方的紅磚樓房。可以進去參觀，是炮台。中間廣場放有大炮。外圍樓房每層都隔成教室那麼大小的一間一間，每間都有一門大炮。這些大炮的炮彈和大西瓜那麼大，重一百二十八磅；大炮射程兩英里，足夠到達對岸而有餘，可能建橋初時是最新式的海岸大炮，雄視港灣，把四百平方英里的金門灣和幾個都市，保護得固若金湯。有女軍官駐守，似乎都是人高馬大的大將，穿着漂亮的制服，精神奮發。這炮台和美國別的國防工事一樣精緻而美麗，而且幾十年來從未向前來侵犯

▲金門大橋南岸炮台的大炮，百年來從未打過一仗。

的敵人打過一炮，因爲從來沒有武裝的敵人進出過金門灣！

大橋北岸也有一小公園。這公園有一特色，對海灣的外圍有約一公尺高一公尺寬的堤。堤頂有一塊一塊的牌，牌上有圖畫，畫着這海灣中常見的魚蝦蟹等水族動物，和海灣飛翔的鳥類，好些是此地的名貴的或稀有品種。台北有賞鳥協會，如果那些會員來此一行，也許會有意外的收穫。堤上適當的地點，有些牌上有箭頭，指向前方，說明是指向什麼地方。我們依照說明，果然找到市區的電報山高塔，惡魔島，柏克萊大學白色鐘樓等多處有名的地點，很有意思。

遊人中遇見由台北來的、北平來的和本地住的四兄弟，在此團聚。看他們分離幾十年，經歷無數災劫，所幸現今都還健在，活在人間，而又重聚在一處，眞爲他們慶喜，而又爲我們苦難的國家痛心。而他們北平來的兩兄弟，再過一星期又得回到北平去過他們的日子，又使大家傷感不已！

由橋北公園繼續往東北走，到達SAUSALITO鎭。這小鎭面臨海灣，與舊金山市區隔海相對。可以由漁人碼頭乘定期班船或自己開船過海來，十幾分鐘便可到達；也可以坐汽車或騎腳踏車經金門大橋前來。這小鎭是都市的郊區，是別墅的勝地，商店裡的商品，餐館裡的酒果菜餚都是世界各地的高級品，以適應此地高收入的人們的需求。此地清潔整齊而又寧靜安詳。這裡的太平洋海岸山崗的東面，山和樹林阻擋著嚴寒的海風和濃霧，太陽光總是每天都像好朋友一樣的前來。人們可以一面曬太陽，一面看對海霧中的市區，或欣賞部份爲霧所籠罩的金門大橋，都別饒佳趣。海灣北面不遠的半島，尙在開發之中，土地尙未漲價，正是投資人的好目標。我們的鄉親亦對它感到濃厚的興趣。祝福他們成功得利發大財。

在海邊常看到很多鷗鳥展翅飛翔。我喜歡溜冰，看到溜冰就極爲神往，溜冰近似飛翔。坐在海岸上看山、看霧、看海、看船、看鳥，曬著太陽，吹著微風，是一種享受。這時候腦子裡空無一物，臉部微有笑容，這就是休息，就是度假。也許這就是別墅小鎭熱鬧繁榮的原因，可喜的是這些年來還保持著它寧靜安詳的世外桃源的情景。

往北行半小時到達那壩（NAPA）。這地方當我在舊金山金門公園科學館看到兩頭蛇的時候，便印象深刻。因爲是那兩頭蛇的原產地。舊金山灣區往北一二百公里地帶的小河峽谷，沿途都是葡萄園和棉花田，優良的水質，優良的傳統技術，使加州葡萄酒聞名於世。和台灣的嘉南平原直至高雄屏東，都是甘蔗田和糖廠的情形一樣。

在路上時，我的印象是土地平坦。想起舊金山市區是在丘陵起伏的山地，高低不平。而這一帶却是一片平原，很可愛的平原。就是東灣奧克蘭和柏克萊都算平坦。爲什麼先民們會獨獨鍾情於山地的舊金山呢？而要讓舊金山開發完了之後才向旁邊的平地去發展呢？那壩河谷這一帶的面積比舊金山大幾十倍的一大片平原，到現在仍然是農業地帶，種植葡萄和棉花而已！是不是他們從海上來，看到海灣可以避風浪便靠岸，海灘有些斜坡地可以居住人家，便住了下來。慢慢的逐漸向山坡上發展上去。至於邊郊地區就慢了幾十年了。

做酒的葡萄和做水果的品種不同。釀酒的葡萄果皮比較厚得多，果實也小，但每串的重量大，每畝的產量也多。種植葡萄的方法和台灣不同，台灣豐原種葡萄是搭起架子，像屋頂棚子一般，讓葡萄藤爬在頂上。這裡是一行一行面對太陽光的方向，葡萄藤爬在垂直面的架子上，說是通風好，減少蟲害，接受最多太陽光，採收葡萄、整理藤苗工作也較方便簡易。台糖公司的製糖甘蔗是自己種植一部份，蔗農把甘蔗送到糖廠去，製出糖來大家依比例分糖。這裡是農民把葡萄賣給酒廠釀酒，似乎還有過酒廠不收葡萄，鬧得不太愉快。酒廠是私人經營的，規模很大，現在參觀酒廠成爲觀光項目之一，酒廠在廠區附近的路旁大做廣告，歡迎參觀，歡迎品嘗試飲。

▲酒廠大門

酒廠廠區佈置得像公園風景區一般，大綠草地中是門廊，進門大廳正中有一座兩人高的塑像。張開兩手，寬大的衣袖下垂，遠望整個塑像有如十字架一般，是兩百年前的西班牙傳教士ST. FRANCIS。看這塑像使我想起韓愈到潮州去做刺史，教化人民，傳授文化。潮州人紀念他，把他曾經祭過鱷魚的水道叫做韓江，江邊那山叫韓山。這位ST. FRANCIS傳教士會講道、會醫病，舊金山的人紀念他的功勞，用他的名字定爲都市的名字SAN FRANCISCO。遊客絡繹不斷前來，酒廠在大廳門邊設一桌子，請來賓簽名留念。可能是經過刻意選擇，這位登記招待小姐容貌之美，簡直可以去競選葡萄仙子了。或許就是從葡萄仙子中取錄的。

有三四十位來賓了，另有一位導遊小姐領導大家到各處去參觀。先到田邊，是一望無際全是橘紅葉子的葡萄園。她說如果葡萄成熟時，來賓可以親手摘幾粒來嘗嘗在藤上的葡萄。工廠並不是全年都開工釀酒，因爲葡萄有一定的成熟季節。每年酒廠開工的第一天，第一車葡萄進廠，要舉行宗教慶祝儀式，由牧師主持講道、禱告，感謝上帝賜與、農田豐收，祝福工廠順利開工。然後拿一串葡萄，冲水洗過，榨出汁來，投入果槽，完成典禮。然後一車一車的葡萄傾倒入槽，由機械送入工廠，壓榨出果汁，經過濾，清淨等手續，才是醱酵，釀成又香又甜又醇人人喜愛的葡萄酒。釀好的酒并不是立刻上市出售，必須裝入木桶裡，放在地窖或倉庫裡儲藏。這木桶的木料也大有講究，因爲木桶裝酒之後，木料一定會滲出木材原有的木汁。這木汁必須無毒，而且氣味也要和工廠出的酒相類似。木桶小的大約裝百多公斤，大的就比小家庭吃飯的桌子大、兩三層樓那麼高。倉庫裡堆滿了酒桶，一堆，就以年來計算時間，三五年，十多年都平常。而且保持低溫。就算是寒冬，還是不斷的吹冷風。所以參觀酒廠必須穿厚些的衣服，或者不要進倉庫去。酒是越陳越醇越香越可口，酒齡幾年是計算在木桶或地窖儲存的時間，如果改裝入瓶子，那就不能計算酒齡了。

參觀後到嘗酒間去。主人家拿出一瓶一瓶葡萄酒，高腳玻璃杯，每杯倒入三四西西酒，任由人拿來品嚐。一杯不夠，可以多喝。介紹葡萄酒時說，不論酒的顏色是淡金、淡紅、粉紅，帶紫或帶褐色，都要澄澈透亮、不能混濁。要有醱酵成熟的香醇芳香，不能有葡萄的氣味。可能略有酸味或苦味，也可能有些鹽味，這是不同的酒原有的風味。不能放糖。在一間酒廠嘗酒時，我和

▲舊金山酒廠低溫存庫酒桶

二兒各持一杯，一點一滴的喝，二兒問我，「這酒如何？」我說「也還罷了。」櫃台小姐問我們說些什麼？我們據實以告，她的興趣來了。連忙再開一瓶，問我如何？我說比第一瓶略佳。她馬上開第三瓶叫我品嚐，我告訴她，比第二瓶好。她一連開了六瓶酒，我品評的結果還是一瓶比一瓶好，至第六瓶時，我說，酒是同樣的酒，這一瓶酒已經算得不錯了，很好了。她笑了，笑得好甜好美。她說，酒確實是和我品評的一樣。她拿出瓶塞來說，這軟木塞上有敝公司的名字，有酒的年度，第一瓶酒齡一年而已，第二、三瓶後逐瓶加一年，而你能品嘗出一瓶比一瓶好，是因爲陳了一年就香醇些，是酒鬼便嘗得出來，最後一瓶是六年的。賣酒的就喜歡遇到這種行家。她高興得笑了。我連忙拿

▲品酒、講酒經

兩空杯請她倒六年的陳酒和她一乾。

我想起在舊金山的米勒先生，問他喝過最好的酒是怎樣的？這句問話，引起他甜美的回憶。在他結婚前一星期，和即將成爲新娘的女朋友訂婚，在一家高級餐館裡，正餐百餘元，好幾樣酒，陳五十年的，一瓶價在千元以上。把喝剩的帶回家去，慢慢的喝。現在興趣來的時候，和太太兩人熄掉電燈，點上臘燭，細細的說話，喝著那陳年老酒，是享受之一。我相信他沒有吹牛，那個時候他已經得了醫學博士多年，是名醫、名教授，年薪不只十萬元美金。討老婆前和未來的妻子訂婚，享受一番，花一點錢是有可能的。雖然拿我們的生活水準來說是不成比例的。可是再一想到現在台灣揮金如土的，也大有人在呢！

▲葡萄園旁野餐

酒品嘗過了，大家擁到銷售室去，一箱一箱的往自己車上搬，酒廠招待大家，也做了一筆生意。

酒是喝過了，肚子還是空的。我們在一家酒廠門口找到停車的地方，就在那廠門口的公園休息。在樹蔭下的幾十張野餐桌椅中，好不容易找到一張空的，把帶來的餐點一面吃，一面看，一面照相。那些遊客有吃點心的，喝酒的，聊天的，散步的，拍球的，脫掉衣服晒太陽的，形形色色，多少都有點酒味，好在葡萄酒好喝，不容易醉。一棵小楓樹，在冬風艷陽裡搖曳它鮮紅的葉片，可愛得很。我知道有人喜歡它，我選擇了葉子完整，形狀美觀，紅透了的，小一點可以裝在信封裡的帶回來。台灣也有楓葉，可是冬天不夠寒，不會變紅，實在可惜。

加州葡萄酒物美價廉。有人說酒和舊金山的景緻不可分。很多陳年老酒在那壩河谷的地下酒窖中深藏，不少欣賞人生的酒仙醉臥街路。舊金山的醉貓公園是酒仙聚會之所，公園裡有世界知名的酒仙英雄榜的紀念碑。英國前首相丘吉爾，大文豪海明威，美國前總統羅斯福的夫人等都名登高榜，可惜我們的大詩人李太白和劉伶名落孫山，算得是美中不足。

回程

到美國去旅行，本來不在計畫之內，是在孩子們催促之下成行的。在洛杉磯三兒家住了半個月之後，經鹽湖城到舊金山二兒處，又住了半個月，心裡想可以回家了。我的話還沒有說出來，卻被一夕話驚醒。我們去聖荷西之前，那朋友告訴二兒，要我們帶換洗的衣服去。在聖荷西住了、玩了之後，他們夫婦送我們回舊金山，只見他拉長著臉孔對二兒說，現在已經把你父母送了回來，但時間不夠，還有很多話沒有說到，很多可以遊玩的地方沒有去，你可不能打電話告訴我，他們明天回國！於是他又再商量第二次去聖荷西的時間，住幾天，到什麼地方玩、吃什麼館子，「聖荷西到舊金山只要五十分鐘，隨時都可以去！」我自己也想，二兒自高中開始離家，到大學畢業，七年之間只在寒暑假回家住幾天而已！到國外讀書做事又是十二年。現在做父母的好不容易出國來了，不能也不該說走就走！三兒說的，美國的籃球水準很高，要陪我看一場夠水準的籃球比賽。想起前年奧林匹克運動大會在洛杉磯舉行時，三兒請不到我們，只得把門票拿來請客的事，也不知令他多傷心。往事如在眼前。當二兒知道我去問航空公司的機位時，似乎頗不以爲然，「在這裡多住些日子有什麼不好！」「回去也沒事！」我也曉得他的話不無道理。

星期一至五，早晚送接孩子到學校去之外，便是拿了照相機和地圖，想到那裡就到那裡，舊金山值得一去的地方，都一去再去。我常說，如果有朋友到舊金山來，我可以做導遊，一星期之內不會重複。萬聖節過去了！感恩節過去了；三兒夫婦來舊金山度假又回去了；我們重到洛杉磯去玩也回來了。一天，終於又談到回國的事，二兒說，聖誕節之後連著是新年，有好幾天假期，計畫到那裡去玩幾天！他又要到紐約開會四天，要我們同行。他把在紐約的友人列了一張單子。我一看，單子上的人名，都是多年的好友和親戚。心裡一想，到紐約，半個月都不夠呢！如果加上華盛頓、費城、底特律、芝加哥、大瀑布、黃石公園等等，那還得了，天下名勝，可以一遊的實在太多了，這次出國來在加州玩的也夠了，沒有到美國東部，也不會不好，於是決定不去東部。內人在幾年前曾在東北部跑了幾個月，印象還很深，也不想再去。

在中國城最先問中華航空公司回國機位的情形。他們說，自十二月十日起，大學開始放假，留學生們趁寒假回國。因此，寒假的機位已在兩三個月之前被人訂購一空，爲期約一個月，現在要訂機位，是在明年一月十五以後的。不單是華航如此，別家有飛台北的航空公司也都相同。至於機票價錢的高低倒是其次。我甚至考慮先到菲律賓，是當地時間早上八時到達，下午有飛機到台北，趁此機會在菲律賓玩一個上午，也無不可，又想到韓國，有人曾經因爲飛機遲慢一小時多到達漢城，沒有趕上回台北的班機，而在漢城住了一夜，可是台北的親友卻在中正機場苦等了三、四小時。

這麼一來，正合二兒的心意。

貝蒂是在旅行社工作的。旅行社是找到了，可是人不在，因爲他回家去了。我把沒有機位的困難和他們談起，他們都搖頭，想不出辦法。

離中國城不遠那家旅行社，負責人只上班半天，實際工作的張小姐是基隆人，談起來還是朋友的同學。他要我留下電話和地址，有消息時好聯絡。會有好消息嗎？希望而已！

一天黃昏回家，張小姐的電話，說叫了多少次都接不到，問十二月十二日兩張華航回台北的機票要不要？我說要。我可以馬上到旅行社來辦手續。他說，要就好留著，明天來辦手續也是一樣。

在旅行社裡，張小姐要的資料都留下了。在街上走著，想到沒有給訂金，未免半信半疑，眞的嗎？心想多走幾步到華航去求證一下也好。到了華航，問十二月十二日有沒有往台北的機票？那位太太把電腦終端機打開，敲了幾下，一查，說，沒有了，早賣完了。「不是說昨天有人退票兩張嗎？」那太太很仔細查了又查，然後說，「對，有人退票，但立即給別人補上去了。」這一下，心又落了下來，不知如何才好！那位張小姐怎麼不把事情弄清楚呢！那位太太看我失神的樣子，爲了證明事實無誤，把本子翻了一翻說，是給什麼旅行社，賣給一對夫婦，是姓鍾的，還把英文字母一個一個慢慢的念出來！正是我的名姓。這才哈哈的笑了出來！他問怎麼樣？我說明是賣給我的，我是來查證是否確實而已！

於是再回旅行社去問張小姐，要不要交些訂金？他說不要。等開票時再說好了！「不會改吧？」「如果你要退票，最好在三天之前辦理。」「我是不會退票的。」

過了幾天，我到中國城時再到旅行社去，張小姐說剛由華航拿到機票，我看，眞是我的名字。不過我告訴他，我沒帶夠機票錢，明天把錢拿來再要機票好了。他說，爲什麼要那麼麻煩呢！今天拿去不好嗎？他似乎體會到錢上，問我要信用卡，我告訴他，我的孩子才有，打電話讓二兒和他談，不幾句便把電話掛了。他記下了號碼，便等於收到錢。

有了機票便有了確定的歸期。把剩下的時間，作一安排，什麼時候去聖荷西？還有那紅樹市等。

十二日，預定提早在家吃午飯，十一時半出發去機場，飛機起飛時間是下午一時半。「人無千日好」，當收拾行李時，覺得右眼不舒服。二兒在旁照料，也覺得我不時擦眼睛，初時還不覺得怎樣，及後，實在按捺不住了，說「到學校醫院去，那些醫生都是我的朋友。看醫生怎麼說。」我以為何必如此小題大作呢！說起來也眞是窩囊得很，來美國幾月都好好的；要回國了却生病。內人却說：「不想回家了，想賴在這裡，裝病！」二兒說，走，有病就該看醫生。他打了電話，又去開車，我說，走路也不過七分鐘吧了！經常走的。「這次是去看病的，一定要坐車去。」我知道停車費是七元五角，有點心痛。

一位墨西哥大夫為我簡單檢查，看他的表情頗為嚴肅說，「血壓是一百六十五，心跳七十都還可以。只是右眼和右嘴角都往下塌了，不知是否中風！」二兒看到眼和嘴都已變形，聽到中風二字，眼淚掉了下來。說「中風就不要回去，這裡是有名的醫學中心，醫師和設備都是世界一流的，可以得到最好的治療，最好的照顧。恢復一定很快。」我說：「如果是中風，我一定要回去。我不能留在這裡拖累你，讓你來背負。我在國內也有保險，醫和療也都方便。」那大夫當然不知道我們說些什麼，只能由表情知道大家都很緊張與驚恐。他一面打電話一面說，他只是小兒科的醫生而已！已請一位內科一位神經科的醫生來會診，他們會有好意見的。不久，兩位醫生都來了。知道我是二兒的父親，好像很開心似的。他們交換了好些意見，最後由那位高眺身材的美國小姐下結論：「不是中風，是顏面神經痲痺。」我告訴他，今天下午有長途旅行的計畫，飛行十三小時。要不要改期？可不可以去？要不要打針吃藥？「不必改期，不要打針吃藥。等下了飛機時再檢查治療即可。不要吹冷風。」

這就是權威。判斷完全正確。

在鹽湖城曾見過的米勒先生來了。很誠懇的說：「知道你今天要回中國去，又知道身體不舒服，特來看望。」又問些病情。我約略的說了。他表示認識我這位中國朋友，心裡很高興。我向他恭喜，他的太太爲他生了一個胖寶寶。這話題正中他衷懷，笑逐顏開連忙在衣袋裡拿出一疊像片，全是那娃娃的。是生下來一小時，幾小時，幾天的相片。我把一張特寫鏡頭的大頭像仔細端詳，又把米勒先生看了又看。他說，中國朋友眞是有意思，可以算命，又可以看相，還有可以預測未來的流年。我知道他說的是在鹽湖城宴會同席時我吹牛的事。我故意裝作很嚴肅的說，「你看，眼睛和你的一樣。鼻子，和你的一樣。嘴吧和你的一樣。只是，只是……」我欲言又止的吞吞吐吐的不說下去，他倒急了，連忙問，「怎樣？怎樣？」

「有點不像你！」

「那裡？那裡不像我！告訴我！」

「嘴唇上下既沒有鬚也沒有鬍，跟你不一樣！」

說得我們都哈哈大笑起來。他連忙緊握我的手說，以後他永遠不會有的，因爲是女孩。又很誠懇的說，下次來舊金山時，一定要去看他，看他的家人，和這小女孩。

我們繼續收拾行李，按時吃中飯，出發去機場，辦好了手續，大件行李也交去了。消息傳來，飛機故障待修，改爲下午五時起飛，還有五個小時呢！如果飛機飛行正常，在台北晚上八時到達，九時出得機場來，還有中興號汽車回台北，如今延期了，到台北已是午夜了，沒有車了。二兒打電話回台北家裡，說我身體不舒服，望小兒到中正機場去，幫忙照顧，並說明不是什麼重病，只是右眼流眼水而已，略微覺得不舒服，不必掛心。二兒決定回舊金山家裡休息去。

出得機場，往北走來，一路景物都是那麼熟悉。不久，天線塔在望了，心裡想：「天線塔，我回來了，我回來再和你相處四個小時。」二兒叫我睡下罷！養養神，讓眼睛閉一閉，休息也好。我想也不無道理。一睡就到了下午四點半，又起身去機場。天線塔還站在強烈的陽光下。我點點頭：「再見了，天線塔。」到機場時華航公司給我們兩張晚餐券。二兒說：「眼睛和嘴確實有點歪，回國後要立刻去看醫生，如果醫生說要吃藥就吃，該打針就打，要聽醫生的話去做。」正說話間，華航又有新消息了，再展到晚上十點。二兒說回家休息去。夜幕已經低垂，山頂上的天線塔的燈光還是那麼晶瑩。

「天線塔，我們又回來了。」

我也不知道這天是怎麼回事。說睡，眞的又結結實實的睡了三小時。二兒說，能睡就好。九點了，再離開家，再和巨人般的天線塔再見。再到機場，華航說不改了，準時飛行。於是二兒和華航交涉，務必和台北家裡聯絡，不必來中正機場接機，因爲到達中正機場時，已是台北時間下半夜三點了。辦好入境手續時，天也將亮了，我們自己回家吧！

飛機起飛後，一切順利，回首舊金山、奧克蘭、柏克萊幾個都市，華光燦爛，八英里多長的海灣大橋還依稀可辨，但在一大片燈海之中，怎麼也找不到天線塔了。

飛機在天黑之後五小時向西飛行，十三

▲舊金山的天線塔

個小時之後，還是黑夜。本想在飛機上再看天上的星空，但爲內人所阻止。「身體不舒服，還是跟大家一樣，睡覺吧！」飛了十小時之後，看見地面上一片燈光，問値班的人員，是在什麼地方？他們查了一下說，是日本，我們不停日本，直飛台北。

在中正機場著陸了。我背著小旅行袋，牽著內人的手輕輕的說「現在眞的回來了」。入境大廳裡，大女婿和小兒在那裡等候。回到家，天也將亮了。眞的回來了，平平安安的。

美　西　遊

著　　者：鍾　鍾
發 行 人：許錟輝
出 版 者：萬卷樓圖書有限公司
台北市和平東路一段 67 號 14 樓之 1
電話(02)23216565・23952992
FAX(02)23944113
劃撥帳號 15624015
出版登記證：新聞局局版臺業字第 5655 號
網站網址：http://www.books.com.tw/
E -mail：wanjuan@tpts5.seed.net.tw
經銷代理：紅螞蟻圖書有限公司
台北市內湖區文德路 210 巷 30 弄 25 號
電話(02)27999490
FAX(02)27995284
承印廠商：成陽印刷股份有限公司
定　　價：240 元
出版日期：民國 88 年 2 月初版

ISBN 957-739-204-0

國家圖書館出版品預行編目資料

美西遊／鍾鍾著. --初版. 臺北市：萬卷
樓, 民88
面；　公分. --(文學叢書：Ⅰ036)
ISBN 957-739-204-0(平裝)

1.美國-描述與遊記

752.9　　　　　88000460